神谷美恵子　　1966年

神谷美恵子

・人と思想

136

CenturyBooks　清 水 書 院

はしがき

神谷美恵子について一冊の書物をあらわすことがいかに困難な仕事であるかに気づいたのは、彼女について書くことを依頼された光栄に感激し、大げさな表現ではあるが、精進潔斎してこの仕事に取りくみたいと覚悟を新たにしてから幾許もたたぬ時であった。夫君や令息をはじめ、身近な人々が多数存命である上、彼女の著書の愛読者は全国津々浦々に数多い。そうした時に、神谷美恵子に関する著書が出版され、多くの人の心にある彼女のイメージと違う美恵子像が提示されるならば、それらの人々にとっては堪え難いことであろうし、彼女に対しても大変失礼なことになる。そう考え始めると全く筆が進まなくなるのであった。彼女を敬愛することにかけては人後に落ちないつもりではあるが、よく考えれば、彼女の全貌を正確に書き記すにはあまりにも力不足であった。

本来ならば、彼女を知る人たちに会って、十分な取材をすべきとは考えたが、もともとこの小著は、読者が神谷美恵子の人柄、思想に触発されて、美恵子の著作を直接読むようになることを目ざしている。しかも美恵子は、著作集、特に第九巻「遍歴」、第一〇巻「日記・書簡集」、補巻一「若き日の日記」、別巻「人と仕事」の中の「自伝断章」などに彼女の生いたち、人となり、考え方などを十分に記している。そこで、それらを中心に、筆者が直接美恵子に接して得た印象を加えて、筆者なりの「神谷美恵子」を読者に提示する方がよいのではないかと考えるにいたった。ただし、例外として、次の二人の方には会ってお話を聞いた。

その一人は、夫の神谷宣郎氏で、事実関係でどうしてもはっきりしない事柄について、いくつか質問して教示を願ったり、新しく資料を貸してもらった。もう一人は、長島愛生園で美恵子に出会い、フランス語の指導を受けた中原誠氏である。彼は、美恵子の著書に登場するが、インタビューに応じただけではなく、美恵子の長島における講演のテープや、参考になる本を筆者に贈って下さった。大学で美恵子に教えを受けた人、心を病んで美恵子にいろいろ相談した人をはじめ、さまざまな機会に美恵子と接した人々から折にふれて美恵子について聞くことはあったが、彼女が深く心にかけていたハンセン病に罹患したことのある人とは、一度も話したことがなかったため、愛生園園長に依頼して、この機会を作ってもらったのである。

また、美恵子が若い日に多くのことを学び、思考を深めたフィラデルフィア郊外にあるペンドル–ヒルと、研究者として、また後に医師として通った長島愛生園を訪問し、美恵子の足跡を追体験する機会を持った。彼女が深く愛していたこの二つの場所を訪問することなしに、彼女について書くことはできないような気がしたからである。

美恵子についての著書をあらわす適任者としては、誰しも親友の浦口真左を考えるのではないだろうか。事実、彼女は「遍歴」や「日記・書簡集」をはじめ、三五年間に自分の受け取った六二四通、一三五八頁におよぶ手紙をもとに、美恵子の詳細な年譜を作成している。みすず書房が、美恵子と真左の往復書簡集を出すに際して、どの書簡を選ぶかを決定するための参考資料として、この年譜は作成されたようであるが、本書の年譜作成の時、参照することができて大いに助けとなった。真左は、こうした資料を作りながら、美恵子の伝記を書きたいと考えたのではなかろうか。しかし、真左も美恵子の没後五年で、美恵子と同じ一〇月に、癌によりこの世を去ったのである。

この小著をあらわすに際して、先にも述べたように、参考にした資料は、大部分が美恵子の著書、および著作集出版時に付けられたみすず書房の月報である。その他参照した文献は一まとめにして巻末に記した。本文中、そうした文献から引用した言葉、文章は、「　」で表してある。それらがどの著書のどの頁に出ているかの表示は、本書の性格上あまりにも煩雑になるためすべて省略した。なお、本書第Ⅲ章の標題「人生の本番」は著作集第三巻「こころの旅」第六章「人生本番への関所」からとったものである。

本文の中で、現在なら「ハンセン病」と表されるところも、あえて「らい」という言葉を使った。長い間、偏見と差別を伴った「らい病」という言葉にかえて、らい菌の発見者ハンセンの名を用いて、「ハンセン病」と呼ばれるようになって久しいが、美恵子の著作集の中では、当時の時代背景のもと、「らい」という言葉が使われている箇所が多いので、そのまま用いたことを了承していただきたい。

最後に、この小著の構成について一言述べておきたい。これは、「人と思想シリーズ」の一冊である。生涯と思想をわけて書く方が理解しやすいかとも思うが、神谷美恵子については、あえてそのような構成はとらなかった。美恵子は、自分の生きる姿勢の中にその思想を表した思想家であると考えたからである。代表作『生きがいについて』をはじめ、精神医学の学術論文にいたるまで、すべて彼女の真摯な生き方に裏打ちされている。彼女は、深く思索することを好むタイプではあったが、頭で考えたことだけで判断し、意見を述べることはしなかった。筆者は、美恵子の生涯を語る時、彼女の思想にふれずに語ることはできなかったし、また、思想を語る時に、彼女の生きる姿にふれずには語れなかったのである。

目次

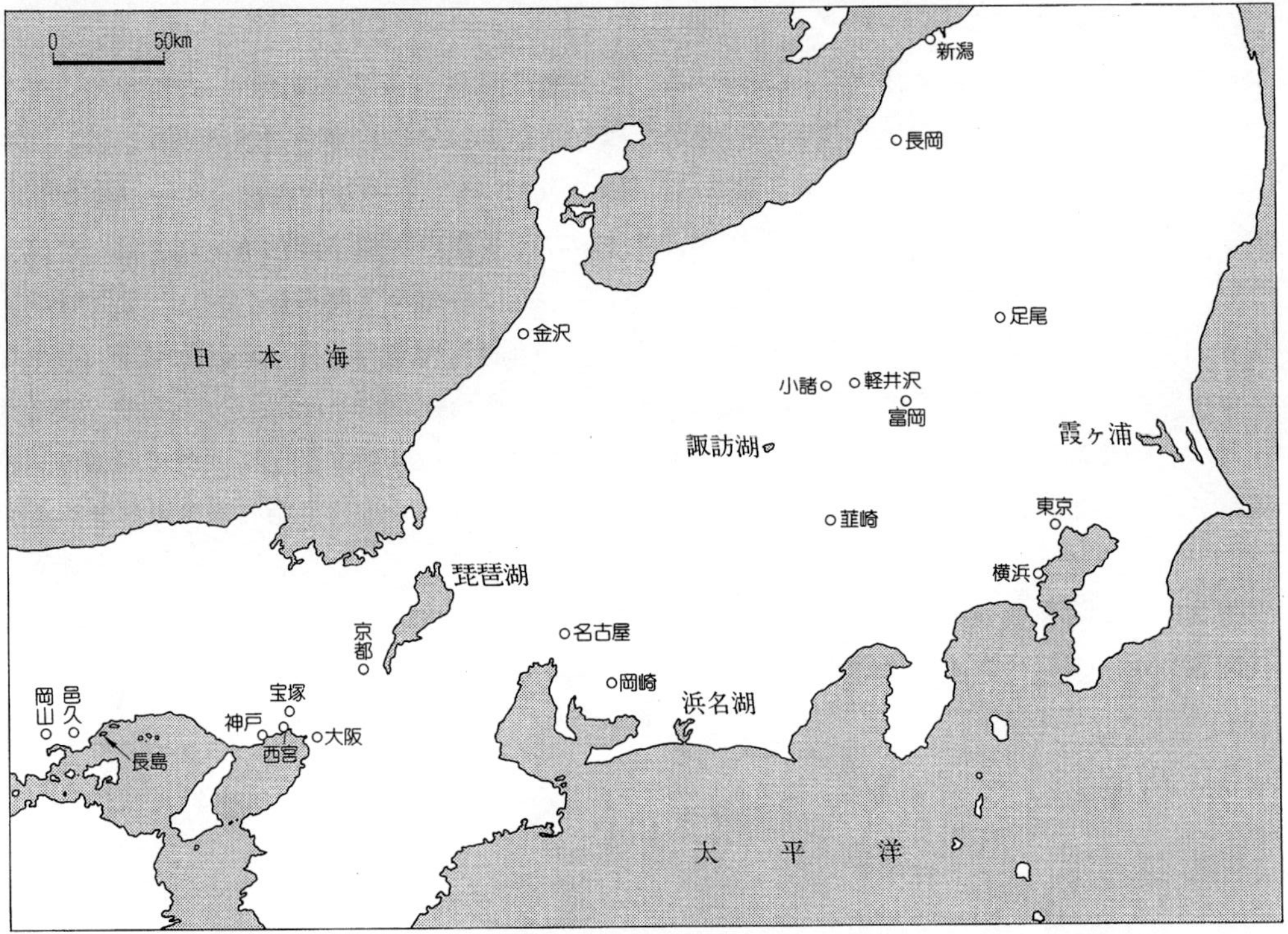
0
50km
日本海
新潟
長岡
金沢
足尾
小諸
軽井沢
富岡
諏訪湖
霞ヶ浦
韮崎
東京
横浜
琵琶湖
京都
名古屋
岡崎
浜名湖
岡山
邑久
長島
神戸
宝塚
西宮
大阪
太平洋

神谷美恵子関連地図

序章

一九七九年一〇月二四日、大阪桃山千里会館に、バッハの曲が静かに流れていた。多くの人に愛され、惜しまれながら、その二日前の二二日の朝この世を去った神谷美恵子の葬儀が、この日、美恵子を敬慕してやまぬ多くの人々の出席を得て行われたのである。

祭壇は清楚な白菊で埋めつくされ、少しはじらいを見せながらにこやかにほほえむ、在りし日の美恵子を偲ばせる写真が飾られていた。おさえようとしてもおさえられない涙で頬をぬらす人々も多かった。最後のお別れをしたいと、やむにやまれぬ気持ちで東京から馳せ参じた筆者もその一人であった。会葬者の胸には、それぞれ美恵子から与えられた何ものにもかえ難い思い出が、次から次へとよみがえっているに違いなかった。

読経もなければ、讃美歌や聖書の朗読もなかった。しかし、そこに流れる雰囲気は、神々しいまでに宗教的であり、美恵子が今や、その生涯を通じて畏敬の念を抱き、すべてを委ねていた、「人間を超（越）えるもの」の胸に静かに抱かれ、憩いの中に安らかにあることを確信させずにはおかないものであった。これほどに多くの人に愛され、惜しまれて世を去った人は、そう多くはないであろう。すぐれた書物を残し、数々の業績をあげた人たちは多いが、自己の才能を誇らず、あくまでも謙虚であり、助言や支援を求める人々には可能な限りこたえようとした美恵子の一生をたどる時、彼女がなぜこれほどまでに人々の心を惹きつけたのかが、自から明らかとなるのである。

この小著は、美恵子の没後、みすず書房から出版された彼女の著作集に基づいて、彼女の一生をできるだけ忠実にたどり、また彼女の思想に、より深く触れることができればと願って、筆を起こした。彼女が自分の生いたちについて書いたものを中心にその一生を描き、またこれらに加えて著作集全部と、一九八九年に出版された『うつわの歌』などから、彼女の思索のあとをたどった。

美恵子の魅力ある文章については、誰しもが認めるところである。しかも、深い思想をできるだけわかりやすい文章で表現している。美恵子の書物が多くの人の心をとらえ、慰め励ます力となる所以であろう。一時、秋篠宮妃の愛読書として、著作集第三巻「こころの旅」が喧伝され、書店にうず高く美恵子の本が積まれたことがあったが、その時ばかりでなく、美恵子の愛読者は後を断たない。一生涯、座右の書としたい、という人もいれば、美恵子の学んだ学び舎に入学を希望する若い人たちもいる。この小著は、そうした名著に一人でも多くの人がたどりつくことを願って、そのつたない水先案内にでもなればとの想いで書かれたものである。

I　生いたち

幼い日々

「君が生まれたとき、後楽園の池に白い鶴が舞っていたよ。ぼくは役所からのかえり、それを見たんだ。」

長女に生まれて

父、前田多門は、愛娘《まなむすめ》美恵子にこう語っている。彼が岡山県視学官として岡山市に在住していた一九一四年一月一二日に、長女美恵子は、彼の第二子として、呱々の声をあげた。肌をさす寒気の中、後楽園の池に舞う白い鶴を見て、多門は、無意識のうちに、生まれたばかりの娘を、それに重ねあわせて見ていたのではないだろうか。清純で優雅な鶴がわが家に舞いおりたようなよろこびで、息子の次に生まれたはじめての女の子を彼は迎えたのであった。彼の美恵子に対する愛情は、彼女の誕生以来、彼の死にいたるまで、一貫して変わることなく、むしろ、年を経るごとに深まっていった。

そのように愛した娘の誕生であったが、情熱をもって公務に従事していた多門は、いわゆるマイホーム型の男性ではなかったようである。もちろんその時代に、妻を手伝って乳児の面倒を見る男性は、まず皆無に等しかったと思われるので、多門もごく当たり前のこととして、泣いている赤ん坊をあやしたり、授乳もままならぬほどいそがしく立ち働いている妻に手をかすようなことはしなかったのだろう。

美恵子は、母から「おまえがお腹を空かせて泣き叫んでいても七時間も八時間も授乳してやれなかったことがよくあったよ」としばしば聞かされていた。美恵子はこの体験が、自分の幼年時代に影響を与えたのではないかと考えている。とにかく泣き虫でうじうじしたところがあったらしい。しかし、幼い頃から人の心の動きを敏感に感じとる子供であった。

その当時、母は、夫の両親と弟妹の扶養のための家計のきりもりと、夫の身内とのつきあいで苦労が多かった上に、理想の家庭を作ろうとする夫の主張に必ずしも同意ばかりはしていられないものがあった。また、互いに個性が強かったこともあって、彼女は真夜中に大きな声を出して、夫にあらがい家を出て行くことがあった。もちろん、翌朝には母はちゃんと家におり、子供たちはいつものように朝食をとることができたのだから、大した事ではなかったのであろうが、美恵子の心には、いつ家庭が崩壊するかというおそれがあり、それが彼女をどちらかといえば神経質な子供にしたようである。しかも、長女としての責任感は折あるごとに植えつけられていたので、もし母がいなくなれば、自分が幼い弟妹をまもっていかなければならないと、考えたのであった。

「お姉ちゃんなのだから、何でもゆずってあげなさい」といわれて育つ長女は、甘えることすらもゆずらなければならないと、健気にも思うのではないだろうか。美恵子の幼児期の思い出には、両親に甘えている自分の姿はあまりないようである。早くから大人のような考え方をし、背伸びしつつもそうした自分に誇りをもち、しっかりしなければと考える美恵子のいじらしい姿は、まさに長女的性格のもたらすものであったろう。もっとも、彼女は第二子であったので、兄陽一の記憶によれば、年の近いすぐ下の妹は「格好のいじめ相手」であり、何かあると、すぐ彼が母に責められていたそうなので、彼女は母に対して、自分だけに我慢を強いることについての恨みがましい気持ちは持たなかったようである。

幼い時から、父母の間が必ずしもしっくりいっていないことを感じて、暗い気分になることもしばしばであった。しかし、両親の不和は、単に相性が悪いというものであって、本質的には、父は母をかけがえのない人と思っていたようであるし、母もまた父の偉大さを十分理解し、彼の考えを心から正しいと思っていたからこそ、父の転職に際しても、「ぐち一つこぼさずについていった」のである。両親の衝突を同じように体験していた兄は、本能的にこの強い両親の絆を感じとっていたのであろうか、彼にとっての幼児期はすべて明るさに満ちていると感じられるものであった。

二人の性格のちがいということもあろう。陽一はどちらかといえば、外向的で明るく、あまりものごとにこだわらない性格だったようだが、美恵子は、父の孤独で内向的な、敏感な性質を受けついでいた。他人の中になかなか溶けこめず、人前に出ることを億劫《おっくう》がる父の性格を、美恵子は幼い時から感じとっていたのではなかろうか。このような父多門の性格は、その生涯をふり返る時、表面的にはほとんど見られなかったことと思う。それだけに、このような自分の本質を真に理解してくれる存在として、多門は美恵子を特別に愛し、わが娘でありながらかけがえのない友人のようにつきあったのであろう。

幼少期の思い出

美恵子の幼少期の思い出は暗いものとされているが、それにより、美恵子を子供らしくない、暗い感じの幼児であったと断定するのはまちがいであろう。前田家の子供たちにとって、父母が心から尊敬し、父母の結婚の仲介をした新渡戸稲造は、祖父のような存在であった。時々訪れる新渡戸のひざの上で頬をつねられ、和やかな家庭の雰囲気を十分味わっている。その時の美恵子の姿には、決していじけた子供というイメージはみられない。

また、七歳の頃から茨城県の母の長兄の家を彼女だけが毎夏訪れ、そこの海岸で伯母やいとこたちと遊びたわむれた時の楽しさを美恵子は詳細に記憶している。おおらかな、やさしい伯父は医者であったが、この伯父と伯母のかざらない自然な生き方に美恵子は深く感銘を受けており、伯父がキリスト教の独立伝道者となった末弟（金沢常雄）を、だまって経済的に援助していたことも高く評価している。彼女は幼い時からほんものを見抜く目があったのだろう。

この母の末弟金沢常雄が美恵子に及ぼした影響も大きい。美恵子が四歳の時、父多門は欧米各国における地方状況調査のため欧米視察の旅に出かけたが、翌年母も父のあとを追って渡米した。美恵子は二歳年下の妹勢喜子と一緒に横浜の母方の祖母のもとにあずけられた。この時叔父はまだ伝道者になる前であり、若い叔父としてめいをしつけようという気負いもあったのか、美恵子を庭の松の幹に荒なわで縛りつけ、あやまるまで解かないという事件があった。彼女には自分が何故縛られているのか理解できず、ただ縛られていることのつらさに泣き叫んだ。その当時から彼女は自分に納得のできないことに対しては妥協せぬ強さを持っていたのであろう。しかし、その頑固さは決して無理矢理自分の思いをつらぬくというものではなく、状況がととのうまでじっと耐えて待つという性質のものであった。この叔父のきびしさは、逆に他人に対しての寛容さを美恵子の中に育てたふしもある。いずれにせよ、後述するようにこの叔父の存在は、美恵子の生涯に大きな影響を与えることになる。

内務省官吏の父は、美恵子が生まれた後も各地を転々としていたので、子供たちもそれについて各地をまわった。そのせいか、美恵子の自伝には、幼児期に近所の子供たちと遊ぶ記述がほとんど見られない。遊び相手はきょうだいたちだったらしく、そのせいもあって妹勢喜子が病弱でしばしば病いの床に就くことは、美恵子にとって心痛むことであった。彼女の神経過敏さは、妹が今にも死んでしまうのではないかという恐怖を引きおこし、妹の回復を神に祈るのであった。彼女の頭の中には、病いと死に対する思いが、こうして幼時からしみこんだようである。

聖心女子学院への編入

美恵子が学齢に達した時、母は、小学校から英語を教える聖心女子学院(美恵子自身はS学院としか記していないが、後に親友浦口真左にそれが聖心女子学院であることを語っている)に彼女を入学させたいと願った。決して、いわゆる教育ママではなかったが、自分自身普連土学園で英語をしっかり身につけた母は、美恵子が小学校に入学する直前に夫とともにアメリカでの生活を体験したこともあって、英語を早くから身につけさせようとしたのであろう。しかし、理由ははっきりしないが、一年生からこの学校に入ることのできなかった美恵子は、近所の落合小学校に入学した。当時、彼女らの住んでいた下落合は、現在では想像すべくもない田舎であったが、彼女はそこで大変のびのびと楽しい学校生活を送った。友だちともよく遊び、隣りに住む親切な上級生は毎朝さそいに来てくれたし、やさしい先生にも可愛がられた。幼児期の暗さを吹きとばす明るさがそこにはあった。彼女が生来、暗いじめじめした子供でなかったことがこの一事をもってしてもわかる。こうした彼女の落合小学校に対するよい思い出は、二年生から編入した聖心女子学院のそれがあまりに強烈であり、再び暗い日々に戻ったこともあって余計なつかしい思い出として増幅されたのかもしれない。

当時、聖心女子学院では、英国人のシスターたちが小学校から英語をみっちり教えており、学ぶ子供たちはいずれも上流階級の富裕な家庭の子女が多く、自動車で送迎される令嬢たちも多かった。当時の自動車の普及度からいえば、いかにこの学校が特殊であり、貴族趣味に溢れていたかがわかる。「あそばせことば」と厳格な規律は、野兎のようにはねまわって遊んでいた美恵子にとって、英語で苦労したことと相まって、子供心にも劣等感を抱かしめるに十分であった。外面を飾り、派手な生活をすることを、美恵子は生涯好まなかった。一般庶民から見れば、東京市助役の令嬢で聖心女子学院の生徒と聞けば、上流階級に属すると当然見なされるのだが、美恵子は自分の家は貧しく、上流階級ではないと思い込み、長い間その劣等感になやまされていたとは不思議な気がする。これは一つには彼女の感受性の鋭さによるとともに、その学校の子供たちが、途中から編入して来て、そこの厳格な雰囲気に馴れず、何となくおどおどしている新参者に対して冷たい態度で接したからではなかろうか。

そのような状況の中でも美恵子に友人ができた。親どうしが知りあいだった関係もあって、同盟通信社社長の娘の「愛子さん」という人が、気さくに美恵子に近づいて、自宅に連れて行ってくれたりもした。美恵子は大ぜいの友だちと賑やかにさわぐという子供ではなく、愛子とも校庭の一隅にある桜の木の根元にあるこぶのようなところに坐って、空想に満ちたお話ごっこをしていたようである。この友人とは五〇代になって文通を再開した時に、お互いに病める人、苦しみの中にある人たちに何らかの形で手をさしのべる仕事に関心があることがわかって、幼い時にお互いがひかれあったのは、やはりそうした共通の心性によるものかと、不思議な思いに美恵子は満たされた。美恵子は医師として、愛子は盲人学生たちのために英語の教科書を点訳するボランティアとしてであったが、愛子もまた、美恵子のらい者への働きを知って強く心を打たれ、長い間文通をすることもなかったのが、やむにやまれぬ気持ちでペンを執ったものと思われる。

スイスでの日々

スイスへの出発

聖心女子学院の四年の一学期も終ろうとしている頃であった。美恵子は母から、父の仕事の都合で一家でスイスに移り住むという話を聞かされた。今通っている学校をやめられる、そう思っただけで美恵子は目の前がパッと明るくなるような気がした。余程、この学校は美恵子の性格にあわなかったらしい。毎週渡される成績簿にも甲の数は少なかった。小学校時代の成績がいかにあてにならないものかは、このことをもってしてもわかるのではないだろうか。美恵子の類いまれなる頭脳の明晰さは、誰一人として疑うものはないが、意に染まぬ学校で、ちぢこまっていた時には、その内なる能力がひき出されなかったのであろう。両親とも、子供の成績について一喜一憂するというタイプでなかったことや、勉強を強いる様子もなかったことが、その後、彼女を自発的に学ぶように育てたと思われる。

多門は、国際労働機関（ＩＬＯ）の政府代表となり、中学一年生の長男陽一を頭に、四人の子供と共にジュネーヴへむかった。子供を日本に残して行くことも考えられなくもなかったが、かつて子供を連れずにアメリカに渡った時、妻房子があまりにも子供のことばかり口にするので、今回は

ジュネーヴでの前田一家
左から妹，美恵子，父，母，兄

期間も長いことであるし、一家そろってジュネーヴへむかうことにしたのである。

一九二三年八月一八日に（美恵子は七月のさなかに東京駅を出発したと書いているが、これは彼女の記憶違いで、八月一九日付「国民新聞」の夕刊に一家の出発の記事と写真が載せられている）、一家は東京を出発した。翌一九日に神戸から出る客船諏訪丸に乗るためである。東京駅頭には多くの見送りの人があり、新聞記者のインタビューに応じる父や、家族一同並んで写真をとられるなど、いきなり表舞台にひっぱり出された感じがしたのも無理のないことである。しかし、この時も美恵子は、九歳の子供とは思えない冷静さでまわりの状況に目をとめ、耳を傾けている。インタビューにこたえて父の口にした言葉「まるで動物園みたいに大ぜいの子供をひきつれて行くのが恥ずかしい」を、美恵子は長じるまで忘れることはなかった。当時、一家の子供の数が四人というのは全く普通のことで、決して多い方ではないのに、何故多門はこのように話したのだろうか。洋行がまれな時代であった時、二歳の末妹のおもりとして母方の従姉も同行したので、総勢七人の出立は、多いという印象を与えたのかもしれない。また、父の尊敬する新渡戸稲造は、国際連盟の事務局次長としてすでにジュネーヴに滞在中であったが、彼の一人娘は夭折しており、夫婦二人だけの駐在であることを、無意識のうちに頭に浮かべたからであろうか。
いずれにしても、美恵子は「そうか、私は動物園の一員か」と思ったのである。彼女はその理由を父に問いただすことはしていない。その時の状況をいち早く見てとり、自分の中でいろいろ考える——この特性を美恵子は幼い時から身につけていたのである。

ジュネーヴについて、新渡戸のところに挨拶に行った母は、ただ子供を育てているだけではだめで、日本政府代表の夫人として各国代表とつきあい、日本の恥とならないような生活をしてほしい、ときつく言われて、うなだれるより他なかった。こうしたことを、母は美恵子にそれとなく語ったものと思われる。言葉の十分に通じないお手伝いさんをやとい、多くの来客をもてなしたり、適切な服装を身につけることなど、母の気苦労は多かった。その上、母はジュネーヴについて間もなく五人目の子供をみごもり、そのつわりに苦しめられた。内気ではあるが、思慮深い長女は、母にとって一番気のおけない話し相手であったかもしれない。とにかく、彼女は母の苦労を十分理解できたようである。

ジュネーヴの小学校で

その年の一二月に、美恵子と次妹は、ジャン＝ジャック＝ルソー研究所に付設された実験学校のような、まさに寺子屋の名にふさわしい学校に入学した。その校長が世界的に有名な心理学者ピアジェであったことは、美恵子の生涯に目に見えない影響を与えたことであろう。彼女は、そこで子供の個性にあわせた教育が行われることで、それまでの厳格な教育から解放され、のびのびと学びかつ遊んだ。全くわからなかったフランス語も遊びを通して、いつの間にか不自由なく話せるようになり、一人の子供として、国籍のちがいなどあまり意識することなく学校生活を楽しんだ。

この学校の目的が、学力をつけるというよりも、注意力、従順さ、礼儀正しさ、秩序正しさ、善良さ、沈黙、器用さ、記憶力など人間づくりの基本と、学ぶことの基礎となるものを身につけさせることにあったことも、後年の美恵子の成長にどれだけプラスになったことかと思われる。また、教育に携わることになった時、美恵子の教育者としての基本方針となった、ひとりひとりを大切にする教育ということも、ここでの自分の体験が基礎となったのであろう。

いろいろな詩を暗唱し、多くの歌をならい、美しい自然に感動しながら、美恵子のジュネーヴでの日々は過ぎていった。日本の恥にならぬようにということは子供心にしみこんでいたが、それに対する疑問も同時に胸に抱いていた。同様に、日本文化の発揚も美恵子にとっては重荷であった。しかし、折あるごとに和服を着せられて日本文化の説明をさせられることに反発することなく、幼いながら流暢になったフランス語で見事にその役を果たした。一九二五年のひな祭りには、父は京都から見事なひな人形をとり寄せ、自宅に飾って二〇〇人位の人々を招待した。わずか一一歳のこの時の美恵子の名ホステスぶりは、居あわせた人たちに強い印象を残したようである。

幼い時から美恵子は自分の考えをしっかり持った子供だった。鋭い感受性でいろいろなことを感じとったが、それをすぐに口にしたり、反抗したりするのでなくて、自分の内側で、その意味を考え、育てていった。そういう意味では彼女は従順であり、また人前にしゃしゃりでることを嫌ったため、ジュネーヴでの美恵子の担任だった先生方も、美恵子を臆病《ティミッド》と評したと彼女は書いている。日本語の臆病という語にまつわるイメージとティミッドは少しちがうような感じがしなくもない。美恵子の場合は内気で恥ずかしがりや、という感じであろうか。内省的な彼女は自分をひけらすことを非常に嫌った。これは小学校からスイス時代を経て一生涯変わらぬ彼女の生きる姿勢であった。

デュプイ先生

一九二五年九月に、美恵子はジュネーヴ国際学校の中学部へ進学した。幸せなことに、そこでまた彼女はすばらしい師に出会った。師の名はデュプイ先生といい、フランスの最高学府高等師範学校《エコール・ノルマール・シュペリュール》の出身で、そこで教鞭をとった後、定年後にこの国際学校に来ていたのであった。この先生の教養の高さ、生徒に対する愛情の深さを、美恵子は十分に吸収することができた。いくらすぐれた師に出会っても、教えられる側にそれを受けとめるだけの能力や感受性がなければ、それは豚に真珠のたとえの示す結果となるであろう。もちろん、すぐれた教師はクラス全体の子供たちに、何らかのインパクトを与えずにはおかないものである。これは、美恵子自身が後年教師になってから若い人たちに与えた影響を見ても明らかである。しかし、美恵子がデュプイ先生の与えようとしたものを、しっかりと受けとめたことは、この老師にとってどんなに大きな喜びであったことだろうか。

まさに乾いた地に水がしみいるように、美恵子はデュプイ先生の地理学から、地形の成立や、それぞれの土地の風土や文化についての理解を深め、また文豪ユゴーの長詩「良心《ラ・コンシアンス》」をノートに書きうつし、暗唱させられ、先生自身の抑揚をつけたその詩の朗読を通して、良心というものについて、まさに肌で感じ取ったのであった。彼女は、「もしかすると私の小さな良心は、こんなところで育まれたのかも知れない」と書き記している。

ジュネーヴを去るに際して、デュプイ先生に別れの挨拶をしに行った時、この老師は眼に涙を一ぱいためて、別れのキスを美恵子の額にしるした。そして、ブラジルの珍しい蝶がはめこまれたガラスの容器とともに一通の手紙を、記念として受けとってほしいといって手渡した。戦災や、度重なる引越しのせいか、ガラスの容器は失われたが、容器の入っていたマホガニーの箱と、添えられていた手紙を、美恵子は五〇年以上も大切に保存していた。その手紙には、彼女の抄訳によると次のように書かれていた。

「ジュネーヴ、一九二六年一一月一日

私のいとしいミエコよ

この小さな蝶を私の思い出に持っていて下さい。あなたの国の最も偉大な芸術家たちは感情や観念のシンボルを、自然の中から最もよく、ひき出すことのできた人たちです。

この蝶をあなたにあげるのは、自然そのものをあげるわけですが、それはあなたにそうなって欲しいと思うもののシンボルであるからです。シンボルという考えが浮かんだのは、あなたにふさわしいと私が考えたからなのです。羽の表面はしなやかで、深い、光を放つ濃い色。それらの色はいつの日にかあなたを立派な日本女性に育てることでしょう。羽の裏面には、はなやかで快活な図柄が奔放にあそんでいる。それはあなたの若々しい活気、陽気を現しており、それによって友だち皆と仲よくできたのです。あなたの人生を通じて、知恵の裏側がいつでも快活さでありうるように、一生があなたにとって充分穏やかなものであるよう、私は心から祈っています。

フランスのお祖父《じい》さんとしてキスさせて下さいね。

ポール＝デュプイ」

国際学校というのは、ジュネーヴに設置される多くの国際機関に働く世界各国代表の子弟を教育するために建てられた学校で、美恵子が在学した頃は、まだ創始期にあった。現在は、わざわざ日本からその学校へ子供を留学させる親もまれにあるようだが、大部分は親がジュネーヴに勤務する間だけそこに在学することになる。当然のことながら転入したり、転出したりする子供たちの数は多い。そうした状況を考えると、デュプイ先生が、これほどの愛情に満ち、深い意味のこもった手紙を転出していくすべての子供に贈ったとは考えにくい。また言葉に出せば涙がとめられないと知ってか、言いたいことを手紙に書いて、たかだか一二歳の少女に渡したということを知る時、先生がどんなにこの利発な東洋の少女を愛し、別れを惜しんだかに、胸が一ぱいになる。美恵子の生涯について先生が知る機会があったならば、先生は自分の眼に狂いがなかったこと、また自分の伝えたいことをいかに的確に彼女が把握していたかを知って、当時彼女を教えていた頃に感じた喜びに輪をかけた喜びを感じたことであろう。

ジュネーヴでの生活

ジュネーヴ滞在は、彼女にとって光り輝く時期であった。日本にいる時耳にした両親の言い争う声も、大きな家で部屋が離れていたことも幸いして、聞くこともなかったし、また、母は父の仕事に関しては心からの尊敬の念をもって従っていたので、二人して日本の恥にならぬように、国威を発揚しなければならないということで意見が一致していた。この意見そのものについては、彼女はいささか疑問に感じてはいたが、二人の意見の一致は、家庭が平和であることの証と受けとめて、かつてしばしば抱いた不安にわずらわされることもなかった。

レマン湖のほとりにあり、アルプスの山々を眺めることもできる美しいジュネーヴでは、家々や公園は、花で一ぱいであったし、夏休みに二ヵ月ほど一家で滞在した避暑地の自然もすばらしかった。多忙な両親は避暑地にゆっくり滞在することができず、子供たちはスイス人のお手伝いさんと、

「日本の恥」に悩まされることなく、その土地の子供たちと思う存分屋外で遊びほうけた。

しかし、この頃から美恵子は一人で雄大な自然の前にたたずみ、その神秘的な美しさに畏敬の念を抱いてしばらくの時を過ごすようになっていた。スイスの夏を農村で過ごす人が、牛の首につけた鈴の音を聞き、ほとんど人に行きあうこともない農地のひろがりの果てに雪を抱いたアルプスの山々を眺めわたす時に感じる、あの平和に満ちた安らかな美しさが彼女をとらえ、人間を超える存在を感じさせずにはいなかったのであろう。空やまわりの景色の色が徐々に変わりゆく夕暮れ時の美しさに感動をおぼえない人は少ないと思うが、毎夕、美恵子は一人でレマン湖を一望のもとに見渡せる曲り角まで自転車に乗って坂を降り、夕やみがせまるまでの一刻を過ごすのであった。

女学校時代

帰国

フランス語で語り、読み書きをし、ものを考える方が楽になった一二歳の秋、多門の任務が終わって、一家で帰国の途につくことになった。日の暮れるのも早く、木々の葉が散りいそぐ秋は、人を感傷的にするが、多門がその自伝に「辱《じょく》知の日本人はもとより、三年以上交際して、今では親類づきあいのようになったフランス人の方々との離別の情にたえず、汽車が国境を過ぎる時まで、家族一同、一語も発しえず、涙にくれていたことを、いまだに強く記憶する」と書いたのは、決して誇張ではなかったろう。父は自分のなし終えた任務を一種の感慨をもってふり返ったことであろうし、母は、大変な思いをしたことも多かったが、もともとの性格である陽気で人づきあいのよさが大いにプラスして、日本の政府代表夫人として立派につとめを果たした上、経済的な苦労も少なかったジュネーヴの生活に別れを告げがたかったのではなかろうか。子供たちは、思う存分遊び、学び、数々の新しい体験をすることのできたスイスでの日々を、それぞれなつかしむと同時に、今ではおぼろとなった日本での生活にある種の不安を何となく感じて、列車の窓外にすぎ行く風景を全員ただ黙って眺めていたのであろう。現在とちがって、外国に旅するということは、ごく特定の人を除いて、普通の日本人にはかなえられなかった時代である。マルセイユから横浜までの船旅は四五日間も要したという。再びこの地を訪れることがあるだろうかという想いで、家族一同が余計感傷的になったとしても無理はない。

一家が日本の土を踏んだ時、大正天皇がなくなられて、時代は昭和へと移り変わった。軍国主義へむけて一歩一歩歩みはじめていた日本であったが、その影響が私学の独自の教育をゆがめるほどにはまだいたっていなかった。スイス滞在中も、日本語を忘れないようにという配慮から、両親は子供たちに日本語で話しかけていたので、美恵子は日本語を聞いて理解することはできたが、話したり書いたりすることは、苦手であった。そうした美恵子にふさわしい学校として、両親は自由学園を選んだ。羽仁もと子、羽仁吉一夫妻の創設した自由学園は、キリストが「真理はあなたたちを自由にする」（ヨハネ福音書8章32節）といわれた、真理による自由を教育理念においた学校で、自労自活の生活を教育の中心としていた。学問と実際生活と精神生活の三面を相互に密接にかかわらせることを目標に、朝の礼拝から、清掃、食事などさまざまな仕事を、生徒が行っていた。

他の学校にくらべれば、まさに名の示すごとく自由な学校であったが、生徒の果たすべき仕事についての規律は細かく定められており、ジュネーヴで体験したような、自分に関心のある教科を集中して学ぶということは許されなかった。美恵子は、日本語の文法を学び日本語と日本文化をできる限り吸収したいと思っていたので、勉学の時間をさまざまな生活体験学習に用いることが我慢ならなかったのであろう。その上、この学校は文部省令に基づく学校ではなかったので（現在は高等学校までは普通の学校と同じ。ただし、大学に該当する最高学部は現在も文部省令に基づくものではなく、各種学校扱いとなっている）、将来上級学校へ進学する道も閉ざされていた。思春期に達し、知的好奇心に満ち満ちていた美恵子にとって、このことを知った以上、もはやその学校に在籍する意味は見出せなかった。

先に、美恵子は従順な子供であったと書いたが、これは一般的な日常生活においてのことであって、自分の信念を曲げなければならないようなことについては、一種の頑固さを持っていた。それは、ある意味では意志の強さといいかえることができるかもしれない。とにかく、美恵子は、親や先生が何といって説得してもきき入れずにこの学校へ行くことをやめてしまった。

美恵子にとって幸いだったことは、その年（昭和二年）の四月に、兄陽一の通っていた成城学園に女学部が新設されたことである。当時の校長、小原国芳は、自由な「全人教育」を実践しており、生徒は自分たちのテンポにあわせて学べばよくて、小人数クラスで、それぞれの生徒が自分の興味に従って学ぶ姿は、ジュネーヴの国際学校に似たものであった。美恵子は、二学期からこの学校に編入した。普通の子供より一年おくれての入学であった。

この二学期から、女学校三年の終わりにかけてのいくつかの作文が残っている。これを見ると、とても日本語を書くことに不自由をしていた女学生の作文とは思えない。もっとも、彼女はもともと書くことが好きな子供で、パリを訪問した後に、フランス語で「パリ日記」などを書いており、帰国後は夢中になって国語に精を出したこともあって、めきめきと書く力が向上したのであろう。校内誌に創作がのるほど力がつき、国語を専攻できる学校に進みたいと思うほどであった。

ものを書く素質

彼女が「書きものをする」ということを自分の第二の天職とまで考えるようになったことの芽は、このあたりに見出されるのではなかろうか。彼女は終生、フランス語でものを考え、読み、書くことが一番楽であったようだが、彼女の、日本語を読み、理解し、書くことの早さは、彼女の日記を読む人が誰しも認めるところであろう。また、女学校時代の作品を、母が作家の長与善郎に見せた時、一読後、彼が「ものを書く素質をみとめる」といった由だが、その言葉の妥当性を実感させずにはおかないほど、彼女の日本語の文章は美しい。

「最大の恩人かつ指導者」

今でいえば、中学一年の二学期末に帰国した美恵子が、フランス語をかくも自由に駆使するほどに、その能力を保ち得たことは一驚に値する。しかも滞在期間はたった三年と二ヵ月にすぎないのだ。現在多くの英語圏からの帰国子女に接する機会があるが、一二、三歳で帰国した場合、日常会話はかなりこなせても、読み書きになると、とても大人の水準には達していない、というのがごく普通のようである。美恵子がこのような語学力を保持し得たのは、単に彼女が語学の才能に恵まれていたというだけではなく、帰国後もフランスやスイスから少女小説をとり寄せて読みふけったり、女学校の高学年になってからは、先に言及した長与善郎に、自分のあたまでものを考えることの大切さを指摘されたことによって、兄の本棚からフランス語の歴史書、哲学書、思想書を借り出し、夢中になって読んだことによるであろう。

若い学徒であった兄は、妹の読書指導をすることに喜びを見出した。「ギリシア、ラテンの古典を仏語でよいから全部読め」と命令する兄の姿に、語学においては、いつも妹に劣等感を持っていた兄の、この分野では妹に先んじているという気負いのようなものが感じられる。スイスに渡航した時、中学一年だった兄よりも、九歳だった美恵子の方が、早くフランス語を習得するのは当然のことなのだが、長女としての落ちつきをもち、大人たちからも一目おかれているような美恵子の存在は、兄にとっても気になる存在で、しかもフランス語の習得で一歩先んじられたことは、それまで長男として妹たちの上に君臨していた兄にとって、かなりのショックを与えたようである。冗談のように、陽一はしばしば「私は、語学では妹にコンプレックスを持っているんですよ」と話したが、美恵子もそれを知っていて、「おかしいわね」と苦笑するのが常であった。

パスカルの『パンセ』も兄にすすめられて読了した。一つ一つの短い文章の中に秘められている深い真理は彼女の一生に大きな意味をもつものであった。科学者パスカルは、絶対者なる神を信じ、この神に服従して一生を送ったが、人間の弱さを深く洞察した上で、真の光を求めて生きるパスカルの姿は、彼女の心をとらえずにはおかなかった。幼い時には、兄にいじめられ、泣かされていた美恵子だが、こうして読書指導をしてくれる兄を彼女はどんなにありがたく思ったことだろうか。「思春期における最大の恩人かつ指導者は兄だった」と美恵子は四〇年後に書いている。身近にこのような指導者を与えられていたことは、美恵子にとって幸せなことであった。この頃が、美恵子の生涯のうちで一番兄と親密な関係にあった時期のようである。きょうだいの仲は、やがてそれぞれが結婚し家庭を持つにつれて、いくらか疎遠になるのが普通であるが、美恵子と兄の関係も同じような経過をたどる。大人になるにつれて、美恵子は兄と自分の性格の違いも感じたようである。しかし、美恵子にとって兄は青春時代の指導者であると同時にともに学びあった大切な人だったのであろう。精神医学関係の専門の論文も含めて、自分の書いたものはすべて兄のところにまとめて残しておきたいと願って、死期が近いことを感じはじめた頃から、著書だけでなく論文も兄のところへ送りとどけている。

女学校を卒業する時、さらに上級の学校に進学することは、前田家の環境にとっては当然のことであったが、これは当時にあっては庶民の家庭ではほとんど考えられないような時代であった。多くの女学生たちが周囲の反対にあって進学の望みを絶っている。高等女学校に進学することすらかなわない人たちが大勢いた時代であるが、美恵子は、すでに述べたように女学校に入学した時点でさらに上級の学校へ進むことを考えていた。国語を専攻する学校への進学は兄によって反対されたので、「津田を出て英語を身につけておけば何かの役に立つだろう」という兄のすすめにしたがって、津田英学塾を受験することになった。

ピアノとスポーツと

美恵子の女学校時代を一見すると、溢れんばかりの向学心に燃えて、ひたすら本を読み勉強していた姿が浮かぶ。しかし、前田家では、いわゆる学校の成績をあげるための勉強をすすめるというより、情操教育や体育が重視されていた。音楽好きの母は、長男からはじまって女の子たち全員に、ピアノを習わせた。先生を家に呼んで、順番に個人教授をしてもらったのである。これは、スイスに行く前からはじまり、スイス時代も、さらに帰国後もつづき、兄の友人たちも集まって、室内楽団のようなものが形成されるほどであった。クリスマスに養護施設に演奏しに行ったこともある。

美恵子は、終生音楽を愛し、晩年に住んだ岡崎の官舎にも電子ピアノを置いて、レシーヴァーを耳につけ、周囲の家に音を響かせないようにしてピアノを弾いていた。「これ、息子が買ってくれたのよ」とうれしそうに語る美恵子だったが、幼い日から音楽教育に力を入れてくれた母への感謝もまた、心のうちに深くおぼえていたのである。

スキーをする美恵子　兄と赤城にて。1933年

女学校時代に楽しんだもう一つのことは、スポーツであった。弓道、乗馬、ホッケー、さらに野球からラグビーまで体験したようである。現在も成城学園の女子ホッケー部は、長い伝統に支えられて、関東における強豪チームであるが、美恵子が通学していた頃から、「全人教育」が唱導されていて、こうしたスポーツがさかんだったようである。さらに、スイスで身につけたスキーは、帰国後も一家で楽しんだ。登山やサイクリングも含め、このような生活を送るための経済的な苦労は父の肩にかかり、父が古本屋を家に呼んで本を売っていたことを、美恵子は決して忘れなかった。

恵まれた少女時代を過ごしたといえるが、その頃の美恵子にとって、負担と感じていたことの一つが弟妹の世話である。よく気のつく長女に、母は小さい子供たちの面倒を見させた。これは、ジュネーヴ時代からのことで、国際労働機関の政府代表夫人として外出の多かった母は、長女美恵子に何かとあとのことを頼み、美恵子は、自分の弟妹たちに加えて、知りあいの家の子供まで面倒を見た。一緒に遊びながらお手伝いさんたちと留守をまもったのであった。帰国後も、母の活躍はつづいており、いきおい外出がちであったため、入浴や食事の世話をはじめ、宿題を見てやったりなどしなければならなかった。彼女はそれをいい加減にすることはできなかったので、それが負担になり、ものを書くことによって、この現実から逃避することを試みるほどであった。朝、登校する時には弟妹の手をつなぎ、同級生たちから「子持ち」と呼ばれていたようである。長女として弟妹の世話をする――こうした長女的性格が、医師となってからの美恵子の患者に対する気持ちや態度に大きな影響を与えたと思われる。確かに負担ではあったが、美恵子は、そのことについて不平をいったり、反対したりするのでなく、むしろ、いかに弟妹をよくしつけたらよいかと考えて、心理学や教育学の本を手にしていたのである。

父の手紙

こうした美恵子の姿に、父はいつからか自分に相通じるものをおぼえるようになったようだ。父は、美恵子が一人の自立した女性として成長してきているのを見て、女学生の美恵子に、対等の人間として手紙を書いた。夏休みに軽井沢で過ごしていた時、朝日新聞の論説委員をしていた父から、美恵子は親展の封書を受けとった。これは美恵子にとっては大きな驚きであり、朝日新聞の論説用原稿用紙三枚ほどに大きな字で書かれた短いものだったが、戦災で焼失するまで、美恵子はこの手紙を大切に保存していた。自分の生の意味を確かめるようなつもりでこの手紙を何度も読み返したので、内容はそらでおぼえているほどであった。その趣旨は「君は自分自身個性がつよく、我がつよいのに、家庭の平和のために自分を抑え、みんなのためにつくしてくれている。それをぼくはいつもうれしく思っているよ。（……）これからもよろしくたのむ。父」

というもので、美恵子に、一人の人間としての自覚を与えるものであった。彼女は、父の指摘した自分の長所や短所を自覚していなかったが、自分が子供としてではなく、友人のように扱われ、義務や責任を負わされたことを心の奥深く受けとめた。

この時以来、美恵子と父の関係は深まりこそすれ、疎遠になることはなく、父の死までつづいたのである。すでに述べたように父と母は両方とも個性が強く、本質的なところでは一致していても、末梢的なことでは言い争うこともあった。理性的に考えれば、問題のない琴瑟《きんしつ》相和する夫婦でも、日常の些細な事柄では、四六時中顔をあわせていると感情的に我慢ならないということがある。自分たちの言い争うのを幼い頃からはらはらして見まもり、平和を保とうとする努力を幼いながらにしている長女の姿は、父の心に妻によっては埋められない何かを持つ存在として焼きついていったのであろう。

父は、心の奥深いところで通じあう同志として、美恵子に接するようになった。また、この長女は明晰な頭脳と、類いまれな語学力を持っていた。父として、彼女にまさる秘書はいなかったであろう。事実、彼女はこうした手紙を受け取った頃から、父の原稿の英訳をしたりするようになっている。父がニューヨークの日本文化会館館長に就任した時には、父の書いた文化会館用パンフレットの英訳をした。また、敗戦直後、父が文部大臣になった時は、通訳のできる秘書として父を助けている。

父からの手紙を大切に保存して、折にふれて読み返していたことからもわかるように、美恵子は、父の弱点なども理解した上で、父を愛し、深く尊敬していた。文部大臣に就任のニュースを聞いた一九四五年の八月一八日の日記に、美恵子は次のように記している。

「……父上が文部大臣になられた由、三時の放送にあったとのこと、公の意味でも個人的な意味でもうれしい。この二つの意味に同時によろこべるのがうれしい。（……）ニュースで父上の抱負談をきく。〝人文科学と自然科学を綜合して新しい日本文化を礎《きず》き上げる〟大賛成！　流石は父上なり！　（……）」

多門と美恵子の親しさについては、身内の人たちが口をそろえて語っている。特に、妻の没後、関西方面に出かけて美恵子に会う機会がある時、どんなに多門がいそいそと出かけたかは、美恵子の妹たちの眼にはっきり残っているようであるし、また、多門が美恵子に書き送った愛情あふれる手紙に如実に示されている。医者になること、さらにらいに関わることについて、強い反対をした父であったが、美恵子は不思議なほど、そのことに関して父に反抗したり、恨みに思ったりした様子がない。父に対する深い尊敬と愛情が、そのような態度を取らせなかったのであろうか。

戦時中、ひとり東京に住む美恵子に、父は次のように書き送っている。

「……君の東京に在らるる事を、吾々一同に代って人生に奉仕して下さって居る事と思って感謝、多大の危険に伴ふ不安感は、親として十分持ち乍らも、これより外に歩む途なしとの信念を持って、君の現在の地位にある事を祝福して居ます。但し当方、話相手のなくなった淋しみを、殊に食事食後の際なぞに痛感して居ますが、辛抱するより外はありません……」（一九四五年七月一二日付、軽井沢より）

多門の手紙を美恵子は大切に保管していたが、そこに見られる父の愛情、励まし、また、娘への感謝の気持ちは、読む者の心を打たずにはおかないものがある。こうした心の交流は、美恵子が成長するにつれて深まっていくが、それにより美恵子も大きな影響を受けたことはいうまでもない。

青年期の美恵子について述べるに先立ち、美恵子の父と母について、語らなければならないだろう。

父と母

両親の影響

誕生後、特別の事情で両親から引き離されない限り、人はこの世に生を受けて最初に出会い、身近に存在する両親の影響を受けてその人格が形成されていく。日々進歩をつづける学問研究の成果によれば、現在は、出生後はおろか、出生前の胎児期の両親の精神状態の影響すら研究されている。それは一まずおくとしても、「三つ子の魂百まで」との諺にも示されるように、乳幼児期に体験したさまざまな事柄がその人の人格形成を左右することはいうまでもない。家庭環境の重要性について数多くの研究がなされているのは当然のことなのである。

このことは美恵子に関しても例外ではない。二歳年上の兄陽一がいたとはいえ、五人きょうだいの長女として幼い頃より両親に信頼され、いろいろな事柄について話を聞き、それを深く心に受けとめていた美恵子は、両親の影響を特に大きく受けたように思われる。また、当然、遺伝的に両親の気質を受けついでいるであろうから、美恵子を語るに際して、両親について語ることは避けて通れないのである。

父、前田多門の生涯

美恵子の父、前田多門は一八八四（明治一七）年五月、大阪市の商家に生まれた。多門の父は、多門誕生の翌年に東京に移住し、印刷所やその他いろいろの事業を、かなり冒険的に先走って始めたようである。多門は幼い頃、知恵づきがおそく、動作ものろく不器用であった由で、そのためか小学校を終えた後は店番をさせられたり、月払いの客の家々に集金にまわらされたりしていた。しかし、勉学の志をたて、独学で勉強して、立教中学三年に編入し、その後一高、東大と進み、法科（独法）を卒業後内務省に入り、群馬県を皮切りに各地方庁に勤務した。その後本省勤務、欧米各国における戦時行政視察（約一年半）を経て、後藤新平伯が東京市長になると同時に、助役となることを依頼され、官界を去って約二年半、社会事業、公衆衛生面の仕事に打ちこんだ。

一九二三（大正一二）年七月の任命から、二六年九月まで、国際労働機関（ＩＬＯ）の日本政府代表として、家族と共にジュネーヴに駐在し、労働組合を代表する真の労働者代表を送らない日本政府の態度を変えさせる努力をしたり、またそのことに対する世界各国からの非難に対しては、釈明につとめるなど、大いに活躍した。一九二六年末帰国、一九二七年に東京市政調査会専務理事に就任した。またその翌年からおよそ一〇年にわたって朝日新聞論説委員となり、軍国主義にそまっていく時世の中で、民主主義の思想に立って健筆を振るった。一九三八年秋、新設のニューヨーク日本文化会館館長となって、一〇月に渡米し、四一年戦争勃発のため、抑留を経て、一九四二年八月交換船で帰国した。翌一九四三年七月、新潟県知事、北陸地方行政協議会会長に任ぜられ、相手方の立場にわが身をおいて考えることの重要性を説きつつ、行政を掌った。敗戦の年の一月末日、この職を去り、二月には勅選の貴族院議員となった。

戦後は、文部大臣の重責を担うことから始まったが、新潟県知事時代に自動的に関係せざるを得なかった大政翼賛会の地方支部長をつとめたため、五ヵ年間公職追放となり、一九四六年五月よりは、次女勢喜子の夫、井深大氏が興した東京通信工業株式会社（現ソニー）の社長の職に就いた。公職追放指定解除後は、大日本育英会会長、日本ILO協会会長、東京市政調査会会長、ユネスコ総会（パリ）政府代表、公明選挙連盟常任理事を経て理事長、日本ユネスコ国内委員会会長などを歴任した。また、国際文化会館理事、精神薄弱者の育成会顧問および福祉審議会会長、藤楓協会理事、国際平和アッピール七人委員会委員など、非常に多くの役職に就き、外国訪問を含む多彩な活動に従事した。一九五五年には東京都の名誉都民に推され、六二年には、米メリーランド大学名誉法学博士号をおくられている。同年五月、胃癌手術、治療中であったが、六月老齢による心臓疾患で死去、享年七八歳であった。即日、正三位、勲一等旭日大綬章を授与された。

多門のこのような生涯を瞥見する時、人は立志伝中の一人と見なし、華麗な人生の表街道を堂々と歩いて来た人と考えるのではなかろうか。しかし、彼を知る人の言葉、また彼自身が自分について語った言葉、さらに、彼が一番近しい関係にあったといわれる長女美恵子の生き方、考え方を通して彼を見る時、多門はむしろ、孤独を好み、内省的で純粋かつ誠実な努力家であったようだ。彼は自分の一生をふり返って、自伝的な一文を記した時、それに『道草の跡』という題をつけた。

「一生涯の決算期に過去を顧みて、よくもまあ、こう色々のことを喰い嚙って来たものだと、わが身ながら気愧《はず》かしい。その癖、根は臆病者の保守的傾向で、現状は出来るだけ維持、新たな生活冒険は以ての外というのが、偽らざる本性なのであるが、どうした運命の悪戯か、或いは、案外本人のどこかに、浮気な気質が潜んで居るせいであるか、兎に角結果としては喰い嚙りの連続である。……如何なる因果か、横から横へと、蟹の這うように道草を食い続け、そのまま人生の終止符を打とうとしているのは、何たることかと嗟嘆《さたん》を禁じ得ない。」

と書き起こし、

「かくして道草を喰い続けたのであるが、人生行路、日はすでに暮れて、今さら、還るべき本道もない始末である。貴重な光陰を空費し、故新渡戸先生の御期待に背いたことは、まことに申訳が無い。強いて、自慢にならぬ自慢をすれば、色々の仕事にはありついたが、その一つでも、自分から希望したり、運動して、なったものはない。みな、人様から宛てがわれたものばかりであるということである。しかし、それは、つまりは、物事に自主性がなく、計画性がなかったということを証明するもので、全く、自慢にも何にもなるものではない。自称社会教育家の成れの果ては、まさに、かくの如くである。」(『道草の跡』、現代仮名使いに直した)

と、四〇〇字詰原稿用紙でおよそ一〇〇〇枚近くの自伝を結んでいる。確かに見方によっては、彼は一つの目的にむかって研鑽を積み、終始一貫一つの分野で仕事をして来て、その道で有名になったという人ではなかったかもしれない。しかし、別な見方をすれば、表面に現れた仕事は多岐にわたっていたかもしれないが、彼の生涯は時流に流された浮き草のようなものでは決してなく、明確な太い信念によって貫かれており、それ故に多くの重要な仕事に就くことを要請され、かつそれらすべてを誠実に、立派になし遂げたのであった。もって生まれた明晰な頭脳、すぐれた語学力などが彼の仕事の成果をあげることに大いに貢献したであろう。しかし、彼の真摯な生き方がその根底にあり、結果的に多大な成果をもたらしたことと思われる。

新渡戸稲造との出会い

多門の信念は、近代日本が生んだ世界的リーダーの一人であり、国際連盟事務次長の重責を果たした新渡戸稲造（一八六二～一九三三）に若き日に出会い、その説くところに私淑し、一生「寄生虫の如くにとりついた」ことにより形成されたものであった。もともと正義感が強く、立教中学時代に、足尾鉱毒事件の現地調査団に加わったりして、社会に奉仕する一生を送ろうと考えていたのであるが、一高時代にたまたま新渡戸稲造の講演を聴き、国際的な視野にたち、大所高所から論じられる講演内容のみならず、にじみ出る高潔な人格に心酔して、その後、新渡戸の出席する会合には必ず出かけるほどの傾倒ぶりであった。新渡戸がいかにすぐれた指導者であったかは、国際連盟事務局次長としての活躍、膨大な著述、京大教授、東大教授、第一高等学校校長、東京女子大学学長などの教育界における働きなどを見れば、言を俟《ま》たないが、何よりも私淑する人たちの多さがそのことを証ししているであろう。彼らを新渡戸の弟子と呼ぶならば、その弟子たちには、日本の各界をリードした人たちが数多く含まれている。前田多門は、まさにその筆頭ともいえる一人ではなかったかと思われる。

新渡戸稲造

多門が新渡戸に出会った頃、多門の父の事業は好調で、父は彼のために一万円積んでやると語ったという。それで、彼はその利子で生活することができれば、一生新渡戸のもとで助手として働き、指導をしてもらえると考えて大学時代を過ごしたが、父の事業はその後うまく行かなくなり、結局、この計画は水泡に帰し、就職することとなった。この場合も、就職方針について、新渡戸に助言を求め、彼から社会教育家になることをすすめられた。その準備として、一まず官界に入って社会情勢を把握することがよく、そのためには内務省がよいであろうという新渡戸の意見に従って、紹介の労も取ってもらった上で、先に述べた如く内務省に入ったのであった。

「社会教育家になれ」という、この時の新渡戸の言葉が、多門の一生の歩みを定めたといっても過言ではない。自伝に、「自称社会教育家」と記していることからも、多門にとって、この時の新渡戸の言葉がどんなに決定的なものであったか容易に想像できるのである。この時代、青年たちは自分の心から信頼する師や先輩に対して、現在では想像もつかぬほどの傾倒ぶりを示している。夏目漱石の小説『こころ』は多くの人に愛読されているが、その中で描かれている先生に対する青年の態度と似たものが、新渡戸に対する当時の学生たちに感じられる。また多門自身も、多門の「言行一致、真実一路」の姿にふれて感動した後輩の川西実三から、敬慕の情溢れた長文の手紙を受けとり、その後一生にわたって、家族ぐるみの交わりをつづけている。

青年期には、異性愛の前段階として、同性の友や師に思慕の念を抱いたり、またそれが大人になるにつれて消滅したりすることは普通のこととされているが、新渡戸に対する敬愛の情は、多門をはじめ、多くの人たちの胸に一生つづいたようである。美恵子は、後年その著書『こころの旅』の中で、「青年期の友情も崇拝も一生つづくとは限らないし、その必要は必ずしもない。青年の一時期の成長に役立つだけでも意味がある。しかしもし若き日に一生をつらぬくほどの友や師とのこころの交わりが与えられたら、それは人生の最大の幸福の一つにちがいない」と述べているが、自分が三谷隆正というすぐれた師に出会ったことだけではなく、父多門の新渡戸に対する気持ちに想いを馳せていたのではなかろうか。

新渡戸の言葉に従って

多門は、就職した翌年（一九一〇）に、金沢房子と結婚しているが、この結婚も新渡戸のすすめによる。同時期にジュネーヴに居を定めたこともあって、前田家の子供たちは、新渡戸にとって孫のような存在であった。後年、美恵子は、新渡戸を偲んで「慈愛の深いおじいさまという感じ」と述べている。このように新渡戸と親しい関係を持つようになったが、多門は、生涯にわたって新渡戸の言葉に忠実であった。官界に長く身をおけば、出世は約束され、将来の生活の安定も保証されていたが、社会教育家としていかに生きるべきかということが常に多門の脳裏にあり、それが、官界を去って東京市助役への道を選ばせたし、新聞が社会教育の有効な媒体となり得るという確信のもと、朝日新聞論説委員の仕事を引き受けさせたのである。また、かつて新渡戸が、「われ日米の橋とならん」と述べたことを思い出して、日米関係が悪化にむかいつつあった時に、日米の橋となれたらという志を抱いて、ニューヨークの日本文化会館館長となった。戦後の数々の役職を一瞥しても、その多くが社会教育と密接にかかわっていることがわかる。

何といっても、社会教育家としての多門が、思う存分腕を振るう機会を与えられたのは、戦後の混乱期に文部大臣に任命された時であろう。軍国主義教育から民主主義教育へと一大転換をするに際して、シビックス（多門は、シビックスという言葉にぴったりする日本語は見当たらないと述べ、人民がひとりひとりの力を合わせて盛り上げた公共生活というような意味で、このシビックスという言葉を使っている）を樹立することを教育の要務と考え、武器を捨て平和のうちに精神的な気高さを打ちたてようと、誠心誠意努力したのであった。

彼は、次の世代を担う青年たちが自分でものを考える、真に自立した人間となることを願い、一九四五年九月九日に「青年学徒に告ぐ」という全国放送をしている。その内容は、実に具体的で、青年学徒によびかける彼の声がきこえるような感じがし、通り一ぺんの文部大臣講話というにおいはかけらほどもない。彼はまず、率直に先輩として自分たち大人のやり方が悪かったことを心から詫びている。「きわめて遺憾に存じます」というような口先だけの言葉ではない。今後文化国家として立っていく日本の将来を左右する青年たちが卑屈にならず、付和雷同することなく、貧しくとも希望と自尊心をもって、高い教養を身につけ、自ら正しいと信じるところを毅然たる態度をもって歩んでほしいという切々たる願いが伝わってくる。自己および他人の人格を尊重し、ただ何かの役に立つ器として人間を教育するのでなく、精神教育の重要性を説いた。こうした彼の主張は、敗戦後突如出て来たものでないことはいうまでもなく、学生時代より彼が追求して来た自分自身の生き方を披瀝しているともいえるのである。この草稿を「夜二時まで書いておられた」と美恵子は日記に記している。

社会教育家として

多門は、事を遂行するにあたって、自らの評価が上がるよりも、その事柄を成就するために最善の方法をとることを考え、ワンマンとして采配を振るうよりも、協力して事を成し遂げようとするタイプであったようである。文部大臣に就任した時も、人事の重要性を考えて、多くの立派な人物をそれぞれの部局の局長にむかえている。また、秘書兼通訳として、美恵子がこの時期父を助けて文部省で働いたことは先に述べた。立派な人事を行うことができたのも、別の見方をすれば、多門の人脈の広さと人望の高さを示すものであろう。

文部大臣時代の特記すべきことの一つは、一九四六年の年頭に出された天皇の「人間宣言」の草案を彼が作ったということである。天皇を現人神として絶対視し、この天皇を持つ日本は神国であり他民族に優越する国民であるというような戦時中の狂信的な考え方に、多門は決して与するものではなかったが、天皇に対しては、信頼と敬愛の念を抱いており、天皇制についても肯定的に受けとめていたように思われる。幣原首相より「人間宣言」の草案を、極秘のうちにしかもわずか一週間位の間に起草してほしいと頼まれた時、彼は積極的な賛意を示し、しかも彼の理想とするシビックスを確立することの重要性を天皇の言葉として国民に訴えてもらおうと考えたのであった。「人間宣言」で述べるべき骨子は幣原首相からメモを手渡されていたが、それに加えて今後国民が向かうべき方向として、「公民生活ニ於テ団結シ、相倚リ相扶ケ、寛容相許スノ気風ヲ作興シ」と詔書に記したのがそれである。日本人が公共生活をまだ十分に理解しておらず、縦の関係を重視しても、横の関係を尊重せず、すべての人が平等な立場に立って相互にたすけあいながらよい社会を築くことに欠けているというのが、多門が学窓を去るに際して新渡戸から聞かされたことであり、彼自身もその後四〇年近くさまざまな仕事の中で痛感してきたことであった。戦後五〇年たった今も、まだまだこの面での進歩は遅々として進んでいない日本の現状を思う時、新渡戸の慧眼と、またその意を体して、シビックス確立のために一生を捧げたともいえる多門の生き方は、並大抵のものではなかったと考えられる。多門は「惰性で生きる人間」ではなく、常に「生命あるものを発散して生きる」人であった。

社会教育家としての多門の足跡のうち、今一つの大きな業績は、わが国のユネスコの初代会長としてのそれではなかろうか。日本がユネスコに加盟することが承認されたのは、国際連合に加盟が承認されるよりも五年も早い一九五一年であったが、その時、多門は日本政府の主席代表であった。その後、国内においてユネスコ国内委員会を創設し初代会長をつとめたが、彼の熱意、見識の高さ、適切な指導により、わが国のユネスコ運動は政治的中立をあくまでも守り、ユネスコの本義たる「教育、科学および文化を通じて諸国民の間の協力を促進することによって、平和および安全に貢献する」（憲章第一条）ことを目ざして、健全な発展を遂げたのである。東西文化に対する深い理解に加えて、ジュネーヴや、ニューヨークでの体験がプラスしたことはいうまでもない。

正義の人

社会教育家としての多門は、また正義の人であった。彼の強い正義感は、中学五年の時、当時の大きな社会問題であった足尾の鉱毒事件の現地視察団に加わって、報告演説会では中学生代表として演説をしていることでもわかるように、キリスト教に根ざした純粋なものであった。常に神の前にある自分をきびしくみつめ、終生道義的に生きることを志した。このことは子供たちの目にも明らかであったようで、美恵子の思い出の中にも、多門が「自分は生まれながらの善人という者には余り親近感を覚えない。悪を克服して善人になった人こそ、むしろ尊敬する」と折にふれて述べていたと記されているし、また次男寿雄は「親爺の心持や考え方の一つ一つ、それは親爺が自ら、血みどろになって闘い取ったものだった。アンナに力一杯、人生を生きぬいた人は無かった。（中略）アンナにいつも苦しんで真面目に正直に、そして哀《かな》しく闘っていた」と姉美恵子宛の手紙に記している。多門自身、「日本よ、未来の吾に還れ」という一文の中で、「たとい、行き過ぎでも良い。正しいことに向って、先づ、一歩を進むべきである」と書いているが、右顧左眄《うこきべん》することを嫌い、自分の信念に従って正義に基づいた行動を取った。若い郡長時代に、当時政府からかなり白眼視されていた内村鑑三（一八六一～一九三〇）を教育会の大会の講師に招いたり、ジュネーヴ時代、国際労働会議に、労働組合を代表する真の労働者代表を送って来ない日本政府と、それに対する各国からの批判の間で板ばさみになった時、職を賭して、真の労働者代表を送るよう政府に進言したり、また、自由主義者とマークされながらも、朝日新聞の論説委員として平和論を貫こうとしたことなどにそれがよく示されている。さらに、戦時中新潟県知事であったために自動的にならざるを得なかった大政翼賛会の地方支部長であったことにより、一九四六年一月に公職追放の指定を受け、文相の地位を去る時にも、自分自身反軍国主義者であったにもかかわらず、「戦時中、知事で居たため、知らぬ罪作りをしていたであろうことを想う時、こうなることは、むしろ、いささかの罪滅ぼしでもあるという感じもしている」と書くほど謙虚な正義の人であった。

多門とキリスト教

多門は立教中学時代にキリスト教の洗礼を受けたが、信仰に入ったのは「自分の内にある諸々の情欲や欲望のために大いに悩んだためで、これから救われるために信仰を求めた」と述べている。生家の人々の物の考え方に反抗し、先に述べたように道義的に生きることを目ざした。尊敬する内村鑑三の無教会主義を奉じる人々の中にも多くの友を持ち、また敬愛してやまぬ新渡戸稲造や妻房子の属するクエーカー（一七世紀中頃にイギリスでジョージ＝フォックスが創設したキリスト教プロテスタントの一派。フレンド派と称するが、人はその内心に神から直接啓示を受け得る、つまり「内なる光」を受けると説く。この派の信者が礼拝する時霊感を感じるあまりふるえたので「クエーカー（ふるえる人）」と呼ばれるようになった。戦争を否定し、兵役も拒否する信者が多い）にも多大の関心を寄せており、妻の死後この宗派に属した。もともと形式にこだわらず、仏教に対する尊敬の念も厚くて、晩年にはよく京都の古い寺をまわっていた由である。また、胃癌の手術で入院し、そのまま帰らぬ人となったが、その死の床には聖書と共に『歎異抄』を持参していた。

彼は、新約聖書のヨハネ伝一四章二節の「わが父の家には住處《すみか》おほし」（文語訳による）という句を愛唱聖句としていたようであるが、道義的に生きようときびしく自己を律してもなお自己の内に巣食うもろもろの悪しき思いにとらわれている自己を解放してくれる聖句であったのだろう。この聖句に接して、「本当に救われたように感じた」と語っている。言葉に出すことは少なかったかもしれないが、彼は家庭を形成するにも、子供たちを育てるにも、そしてまたもろもろの公務を遂行していく上にも、キリスト教信仰が基盤となり、神の前にいかに歩むべきかを考えていたと思われる。

若い時から郡長をつとめるなど、人の上に立つことの多い多門であったが、他人との関係においては、常に相手の立場に自分の身をおいて考えることを心がけるように、自分にも他人にもいいならわしていたようである。彼の正義は、弱い者、しいたげられている者、貧しい者への配慮を忘れないもので、それは彼の、すべての人が平等な立場に立って相互援助の精神でよい社会を築かなければならないという基本的な考えから出ているものであった。彼は敗戦の色濃く物資も極端に不足していた時代に、早くから周産期（出産をめぐる時期、妊娠満二二週より生後一週まで）医療の重要性を認識して、長岡周辺の豪雪地帯で乳児検診にとりくんでいた医師三宅廉のうわさを聞いて、県立乳児院を建てている。また、愛生園の高校生たちに話をたのまれて講話をした時には、ハンセン病という病いを背負った若い人たちの前で話すことに負い目を感じ、控えめで平凡な話をしたと美恵子は述べているが、尊大さとは無縁の人であったと思われる。

多門の終生の親友で、葬儀委員長もつとめた、元宮内庁長官の田島道治氏によれば、多門は、揮《き》毫《ごう》を求められてもあまり応じなかったようだが、書けばほとんど「奉仕是人生」と書いたとのことである。彼の一生を通じての念願がこの五文字に表されており、また事実、彼は奉仕の人生を送ったのであった。

彼を知る多くの人々の描く多門像には矛盾がなく、それだけ彼が誰に対しても誠実に、自分に正直に生きたということであろう。多門自身が述べているように、色々の仕事に就いたが、自分から希望したり、運動して就職したものは一つもないのである。これは、彼が幸運の人というよりは、彼の人柄と、また絶えず学び努力する彼の生き方がもたらしたものではなかっただろうか。常にはりきって全力投球で仕事をしている父の姿を子供たちは見ていたし、まわりの人々も知っていた。また、彼は、どんなに忙しくとも、読書をし、勉学に励む人であった。彼の残した業績の大きさは、結局、彼の常に前進を続けようとする若々しい精神と、真摯な生き方がもたらしたものといえるであろう。

母、房子

美恵子の母房子は一八九〇（明治二三）年一月、群馬県富岡市で金沢知満太郎の三女（第四子）として生まれた。父は生糸の貿易商で、裕福な暮しをしていたが、政治に関心を抱き、自由党に入党して官憲に追われる身となったばかりか、房子が七歳の時に死去してしまった。房子の下にもう一人男の子が生まれていた上に、父の死後、彼に借金をしていた男の放火によって、大きな屋敷が全焼し、房子の母なお（美恵子の祖母）は、五人の子供をかかえて未亡人となったばかりか、無一文となってしまったのである。

なおは、夫のすすめで富岡教会で洗礼を受けており、子供たちもこの母のキリスト教信仰の影響を大きく受けたように思われる。房子が生涯クエーカー教徒として生きたのも、単に、アメリカのクエーカーにより創立された普連土女学校で学んだことだけではなく、幼い時から母の信仰に自然のうちに感化を受けていたのであろう。弟の常雄は後に無教会派の伝道師になり、彼の影響を美恵子が大きく受けたことは後述する。夫に先立たれたなおは、再婚話もすべてしりぞけて、教会の二階を借りて和裁塾を開いて五人の子供を育てあげた。しかし、房子を女学校へ進学させることは家計が許さなかった。房子が普連土女学校に進学できたのは、富岡市が成績のよい子供を東京で学ばせる制度を持っていて、成績優秀な彼女がその一人に選ばれたことによる。

房子は、五年間を給費生としてこの学校で過ごし、寮生活を通して、アメリカ人の先生たちから洋風の生活を学ぶとともに宗教的な感化も受けた。彼女はここで、当時の女性としてはエリートの教育を受け、英語を身につけ、オルガンを弾くことも学んだ。

経済的苦労をして育ったが、房子にはいじけたところは少しもなく、明るく、あけっぴろげで誰ともすぐに親しくなる人柄であった。困っている人がいれば、手をさしのべずにはいられないし、何ごとに対しても一所懸命で、積極的関心を示し、情熱的な一生を過ごしたようである。彼女の人間味溢れた暖かさは、長年にわたって家族的なまじわりをつづけた川西田鶴子の「前田様のよきご半身房子夫人」の一文にあますことなく語られている。彼女が亡くなった時、近所のお店の人や、ご用聞きなど、実に多数の会葬者があったことは、いかに彼女が多くの人に愛されていたかを示すものであろう。

彼女の社交性は、ジュネーヴやニューヨークでの夫の仕事をどんなに助けたことであろう。美恵子は、きらびやかな服装を身につけて社交をする母の姿をあまり好ましいものとは見ていなかったようであるし、また、いろいろと多趣味な稽古ごとに励む母や、さまざまな団体の仕事で外出の多い母の姿を見て、エネルギーをあのように分散させたくないと思った。その意味で房子は美恵子にとって反面教師の役割を果たしたともいえる。もっとも、美恵子は後年、母の生涯をしのび、その苦労を思いやっている。内向的な、どちらかといえば社交嫌いな性格を美恵子は父から受けついでいるが、苦しんでいる人がいれば手をさしのべずにはいられないという点は、母の血を濃くひくものであろう。また、音楽への愛、死ぬほどの思いをしなければならない子育てについてなど、母から受けたものも大きかった。一時的に、ほとんどの若い女性が経験する母への反発を美恵子も経験したのであろうが、美恵子の日記を読めば、母房子は普通の母親にくらべればはるかに大きな信頼を娘から受けているように思われる。信仰についての話も、またらいの療養所で働きたいという話も、美恵子は母と交しているのである。

房子もまた、長女美恵子に何でも話していたようで、美恵子は母の苦労を心のうち深く受けとめていた。「お母さんの寝顔」という美恵子が女学校三年の時に書いた作文を読むと、母と娘の清らかな愛情の深さに感動をおぼえずにはいられない。家計の苦しさについても、房子はかくすことをしなかった。それでいて、使うべきところには十分お金をかけ、気前よく何でも人にわけ与える房子の生き方は、美恵子の物に対して執着しない生き方へと引きつがれた。戦災にあって焼け出された後、房子が疎開先の軽井沢から東大病院に住み込んで仕事をしていた美恵子にあてた手紙に「物だってあの位たまると面倒臭いからさっぱりした感もありますね。三五年前に殆ど無から始まったんですから」と書いているが、敗戦も近い一九四五年の七月に、こうした手紙の書ける房子の人間の大きさを思わずにはいられない。

両親の家庭生活

子どもにとって両親の関係が円満で、安定したものであることが望ましいことはいうまでもない。すでに述べたように、美恵子の両親は、口論することがしばしばあり、美恵子はそのために心から平和な家庭にあこがれていた。自分の少年時代を明るく受けとめていた兄の陽一ですら、「ぼくは、けんかしないでも結婚生活が送れるものだということを、結婚してみて初めて知ったよ」と後年、笑いながら述べたそうなので、若い頃に多門と房子の間にたつ波風は、かなりなものであったのだろう。もっとも、二人は本質的なところでは強く結ばれており、房子の明るさ、率直さ、だまされてもよいから人を善く見るという善意など、多門はかけがえのないものと見ていたようである。房子に先立たれてから後の多門は、生前房子のことについて娘に愚痴をこぼしたりしたことを償うかのように、子供たちが生前の母の言動をひやかすようなことを少しでも言うと、顔色をかえて不快さを示したそうである。

二人は、どのようにして結ばれたのであろうか。世話好きの房子は、クエーカーとしての自分の信仰に忠実に生きることを願って、独身で社会福祉事業を一生の仕事としようと考えていた。ところが、普連土女学校の顧問として、同校をしばしば訪れることのあった新渡戸稲造が、自分の愛弟子前田多門の妻として、彼女に白羽の矢をたてた。房子は美しい人であるばかりか、成績もすぐれており、新渡戸は彼女を学寮に訪ねたり、自宅に招いたりして人柄を見きわめ、総代として普連土女学校を卒業した房子に、多門の妻となることを強くすすめたのである。

房子は、社会事業への夢が捨て難く、この縁談を強硬に辞退しようとした。しかし、新渡戸は「女が一人で社会事業をやったところでタカが知れている。それより有能な人と結婚して何人も子供を生んだら、その子供たちが社会のためになることをしてくれるではないか」といって、三日間にわたって房子を説得したという。この説得に負けて、房子は女学校を出た一九一〇年の一二月に多門と結婚した。当時、女性が社会に影響を及ぼすには、夫や息子を感化し、彼らを通して自分の考えを実現することの方がやりやすいという状況であったので、進歩的な考えをもつ新渡戸ですら、このような意見を述べたのであろう。また房子も全く不承不承でこの結婚に応じたとは思われない。多門の誠実な人柄、学究心、情熱をもって仕事にとりくむ姿などに惹かれて結婚にふみ切ったのであろう。

多門から、清らかな、理想の家庭を作ろうといわれて、結婚生活をスタートした房子にとって、夫の実家への経済的援助ばかりか、「家のことは一切かまわないからそのつもりでいてほしい」という夫の宣言にかなり驚いたようである。彼女は夫の仕事や、社会的なさまざまな事柄に対する夫の意見、批判などに関しては、夫を全面的に尊敬し、信頼していたが、日常の些事については自分の信じるところを主張して譲らなかった。この頑固さは美恵子にも見られるものだが、家庭の平和を崩したくないという幼い頃からの強い願望と、夫、宣郎の温和な性格によるためか、彼女の築いた家庭では、両親に見られるような争いは全く見られなかった。父からも母からも相談相手とされていた美恵子は、和を保つことに関してしらずしらずのうちに熟練者となっていたのかもしれない。

II　負い目を胸に

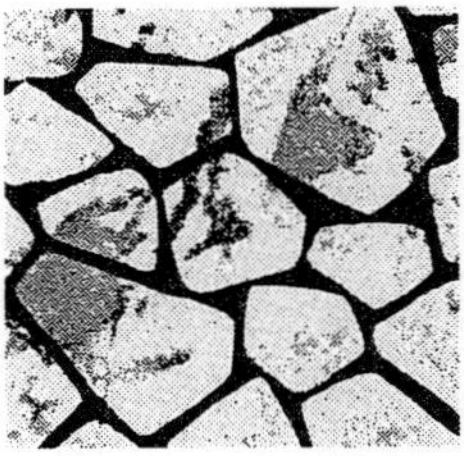

思索の時

津田英学塾への入学

兄のすすめに従って受験した津田英学塾の試験に、美恵子は難なく合格した。それどころか、彼女は予科をとび越して本科に合格したのである。当時、高等学校および多くの大学は女子に門を閉ざしていた。そのため、女子は専門学校に入学し、その後は女子の入学を許可している数少ない大学へ進学するか、女子の専門学校に併設されている大学部のようなところで学ぶか、留学するかであった。

津田英学塾は、日本で最初の女子留学生津田梅子によって一九〇〇年に創立された女子英学塾がその前身で、徹底した英語教育により、つとに有名であった。一九〇四年に専門学校の認可を受け、無試験で高等女学校の英語教員の免許を卒業生に与えることを一九〇五年から許されており、これは一九二三年に日本女子大学の英文学科卒業生に同様の免許が与えられるようになるまで、津田英学塾の卒業生にのみ与えられる特典であった。全国から志を抱いて、優秀な女子学生が津田塾の門をくぐったが、大部分の者は予科に入って基礎的な英語の力を身につけることを要求された。ただし、予科一年を終了した者に伍して授業を受ける力があると認められた者は、直接本科に入学させるという制度があった。成城高等女学校で英作文の力をつけていた上、もともとフランス語を母国語同様に使いこなす力があった美恵子は、地方の高等女学校で英語を学んだ後、一年間津田で英語を仕込まれたとはいえ、まだまだ十分に英語を使いこなすところには到達していない人たちと一緒に、本科一年生としてスタートすることに何ら困難を感じなかった。

津田時代の美恵子の学生生活はどのようなものであったろうか。ここでも美恵子は優等生であったから、教師や学友の目が自然に美恵子に集まったことは疑いない。しかし、美恵子の書いたものを通してみる限り、津田の教育が美恵子に与えた影響はあまり大きくないようである。

美恵子は津田時代の楽しい思い出といったものをあまり語っていない。その原因の一つが予科を経ずに本科に入学したことにあるように思われる。美恵子は母房子のように誰とでもすぐ親しくなれるというタイプではなかった。さらに、すでに予科入学以来一年を経過して、それぞれ仲よしグループもできていたクラスに、少数の本科入学生として組み入れられたのだから、友人ができにくい状況にあった。しかも、直接本科に入学して来る人たちは優秀な人であると考えられていたから、全国から秀才が集まった当時の津田塾では、本科生に対して表面に現れない対抗心がちらついていたことも考えられる。敏感な美恵子は、自分にむけられる嫉妬心のようなものをすぐに感じたことであろう。しかし、そういう人たちと競争することは、彼女にとって馬鹿馬鹿しいことであったにちがいない。

彼女は、東大生の兄と一緒に、放課後アテネ―フランセに通い、フランス語で行われる高等科の授業に出ていた。津田塾は、現在でこそ民家も建ちならび、交通の便もよくなったが、美恵子が入学した一九三二年頃は、武蔵野の原野の中にポツンと建つ学校といってもよいほど不便なところにあった。大部分の学生は東洋一と評された快適な寮で生活をしていたが、美恵子は、数少ない通学生の一人で、今風にいえば、ダブルースクールの生活をしていたのである。

彼女の関心は、どちらかといえば津田における勉強よりも、「独学のよろこび」（美恵子が身上としていた言葉である）にむけられていた。津田の卒業生が異口同音にいうことは、予習復習の大変さである。ところが、美恵子にとっては、津田での勉強はほとんど苦にならなかった。彼女が必死になってした予習復習は、東大をはじめとして優秀な仏文科生たちとともに、ギリシア・ラテンの故事までも含むアテネ―フランセの授業についていくためのものであった。本ものの勉強がそこにあると感じていた美恵子にとって、津田の授業はものたりなかったにちがいない。

しかも、津田でくりひろげられているひそかな競争を見る時、美恵子は成績にこだわる能力主義の冷たさのようなものを感じたようだ。後年、津田の教授になってから、美恵子は多くの学生のカウンセリングを担当した。そこで、彼女は、かつて自分が学生時代に感じたのと同じ状況が連綿と引きつがれていることを感じたのである。彼女は「津田の学生の精神的健康について」という一文をものしているが、その中で、学業成績のよい者が高く評価されることから、成績の芳しくない学生が劣等感やひがみの心にとらわれ、それが正しい交友関係を作ることを妨げる危険性があると述べている。美恵子は、「津田先生には、できない人を切りすてて行くような冷たさがあったのではないかしら?」と口にしたことがあるが、たしかにそうした雰囲気が津田にはなかったとはいえない。ただ、津田梅子の名誉のために一言つけ加えるならば、彼女のアメリカ的な合理主義が他の人に誤解された面もあるようだ。梅子は、能力がない人を無理に英語で身をたてさせることはかえって不幸と思い、退学をすすめ進路変更を提示したのであって、彼女の一人一人の学生に対する温かい心くばりは、多くの卒業生の思い出として語られている。

中西郁子との交友

美恵子は、母方の叔父金沢常雄が主宰する聖書研究会に兄とともに所属して、その集会に出席し、オルガンを弾く奉仕をし、叔父が発行する「信望愛」誌の校正や発送の仕事も手伝っていた。彼女は、両親が信じるキリスト教には、幼い時からふれてきており、全知全能の神の存在については疑うべくもなかった。しかし、叔父の説く「愛よりも義が大切である」とか「この世は涙の谷である」とかの教えはよく理解できなかった。彼女は、自分が思想的に未熟であると考えて、兄の書庫からさまざまな本を借り出して読みふけった。

そうした思想的な悩み、信仰上の悩み、その他家庭の問題や、満州事変後ますます軍国主義化していく日本の中で、学園に浸透しつつあった共産主義思想およびそれへの弾圧など、多くの語るべき問題をかかえながら、語りあうべき友はあまりにも少なかった。津田での唯一の親友中西郁子と、兄陽一だけが、美恵子の心おきなく話せる話相手であった。

この親友、中西郁子との交友も長くは続かなかった。というのも、卒業後、郁子はすぐに結婚したし、美恵子は病気療養後に渡米し、その後、戦局がきびしくなる中で美恵子は医学修業に邁進せざるを得ず、郁子とゆっくり話すひまもないうちに、敗戦の年一一月に郁子は短い生涯を終えてしまったからである。郁子は「津田が与えてくれた最大の賜《たまもの》」とまで、美恵子は述べているが、交友が途絶えていたためか、あるいは本に対する想いが強すぎたためか、一九四三年一〇月二一日（奇しくも、この日は神宮外苑競技場で出陣学徒の壮行会が雨の中で行われた日）の日記に次のように記している。

「……私の本道楽も、いわば友人代りの話相手なのだから許してもらってもいいのであろう。本だけを相手にモノローグを続けて来た者のように自分が思われてならない。男の人たちが持つような活発な、内容豊富な交友というものを私は、女であるが故に、女を専ら相手とするが故に、殆ど恵まれなかった。（浦口さんだけは例外だが）女の友だちの、思想に於ける、経験に於ける、迫力に於ける貧弱さを補うために本が無かったら、どうやって生きて来られたろう。」

この日記に記されている浦口真左は、美恵子の生涯の親友であり、彼女については後に述べる。もちろん、日記は人に見せるためのものではないし、また、いろいろなことを矛盾のないように整理して書くものでもなく、その日、その時思ったことを書きつづるのであるから、これをもって、美恵子が郁子を親友と認めていないというつもりはない。郁子の死をしらされた時、美恵子は「私は彼女を犠牲にしたような気がする。美しく痛々しき生涯！ ……くく（郁子）さんみたいな人に較べたら、私なんてごみためにでも捨てるにふさわしい。彼女もやはり早死する人だった。彼女には私のような濁りが全然なかった」と記している。美恵子は多くの人と普通につきあっており、それぞれに真実の交わりをしていたが、親友という言葉を、非常に厳密な意味で使っていたのであろう。それに、一九四三年には彼女はまだ三〇歳になっていなかったが、その時に考えたことと、晩年になって一生をふり返って書いた自伝（「遍歴」のこと）との間に、多少のくい違いがあることは当然である。

らいとの出会い

いずれにしろ、津田時代は、美恵子が自分を高め、深めるために悩みつつ、夢中で学んでいた時代といえる。そしてこの時代、すなわち美恵子が津田の二年の時に、美恵子の一生を決定する重大な出会いを体験することになる。美恵子は、叔父金沢常雄が東京都下のらい療養所多磨全生園のキリスト教徒の団体から招かれて話しをしに行くに際して、讃美歌のオルガンを弾きに来てもらえないか、と依頼されたのだった。

その当時、叔父の雑誌発送を手伝っていた美恵子は、宛名の中にらい療養所があることも知っていたので、ごく自然な気持ちで、叔父や叔父の集会に出席している数人の人たちとともに全生園の門をくぐった。そこで彼女は初めてらいを病む人々に出会った。病者たちの変形した顔貌、失われた四肢にショックを受けたが、さらに大きなショックは、この人たちが声高らかに神を讃美し、信仰の証を大いなる感謝のうちに喜びをもって語ることであった。彼女はふるえながら彼らの話に聞き入った。また、そこには後年ナイチンゲール賞を受けた三上千代看護婦の、病む人たちを優しく世話する姿があった。在園者たちの三上看護婦に対する心からの信頼も、美恵子の心を強く打った。

らいは、現在のエイズにまさるともおとらぬ、偏見と差別にさらされた病いであった。伝染病であるにもかかわらず、遺伝病であるかのように扱われ、そのため身内の者に迷惑がかかることをおそれて、多くのらい者は偽名を使い、戸籍を抹消するというようなことまでして、療養所に入所し、一生をそこに隔離されたまま過ごした。よい治療薬がなかったため、らいが徐々に身体をむしばみ、病みくずれて死に至る場合が多かった。人々はらいをおそれ、忌み嫌った。

らい菌の発見は、一八七三年ノルウェーの医師ハンセンによってなされている。そのため、らいはハンセン（氏）病と称される。現在は特効薬も発見され、完全に治療できる病気となり、わが国においては新患の発生はごくわずかとなった。患者の平均年齢は七〇歳に近くなり、患者数も減少の一途をたどっているので、らいについて知らない人たちも増え、かつてのように恐怖の対象となる病気ではなくなった。

しかし、美恵子が学生の頃には、事情は全く異なっており、らい療養所を訪問することすら嫌う人々が大勢いた。美恵子の両親が、進歩的な考えを持っていたことは、娘のらい療養所訪問を許したことでも十分理解できるが、この時美恵子の胸にしっかりと根をおろした願い、自分も三上看護婦のように、この人たちのために働きたい、という願望に対しては、強い反対を示すのであった。

美恵子は、津田で学びながら、自分がいかに生きるべきかについて悩んでいた。書くことは好きであったが、小説家になる自信はなかった。また、無教会派のキリスト教伝道者の一人であり、文才にすぐれた藤井武の書物に心酔していた彼女は、一生独身で神に仕える生き方をしたいと思いつつも女性が伝道者へと献身することに関しては、わからないことが多すぎた。実際にヘブル語や、神学など伝道者となるための準備も多少してみたが、観念的には伝道者として生きることの意味を理解できても、全身にみなぎる献身の喜びと力は湧き起こっていなかった。

そうした時に、らいと出会った美恵子は、これこそ自分の進むべき道と思い、ひそかに東京女子医学専門学校の入学案内を取りよせ、受験準備を始めたのである。しかし、これは周囲から猛烈な反対にあった。父の反対の理由は、今となってははっきり知る由もないが、美恵子のすぐれた感受性、語学力、文才などから、文学的な方向に進み、幸せな結婚をし、家庭を営んでほしいと考えていたのではなかろうか。母は、内心はそんなに強い反対をする気持ちはなかったようである。実際、彼女がらいの仕事をしたいという希望をもらした時、母は反射的に「それはいい」と言っている。

しかし、こういう問題では夫の意見に従うのが常だったことに加えて、娘が津田塾卒業後医学の道に進んで婚期を逸することも、世の一般の母親と同じように案じるむきもあって、最初示した賛意は全く表さなくなってしまった。

塾長星野あいの反対

両親にもまして強い反対を表明したのが当時の津田塾長星野あいであった。塾の創立者津田梅子はアメリカ留学を終えるに際して、アメリカの女性たちの援助により、日本の女子学生をアメリカで学ばせるための奨学基金を設立した。津田塾では、学力・人物ともに優秀と認めた者に、この奨学金を与えてアメリカで学ばせ、帰国後は母校で教えさせるということが行われていた。星野塾長自身、津田梅子にすすめられてこの奨学金で学んだし、第四代学長藤田たきや、過去または現在の教授陣の中にも、何人かこの奨学金で学んだ人たちがいる。

この奨学金は一人だけに与えられるものであり、一人が学び終えて帰国するのと交代に次の人が留学するという制度であった。したがって、毎年その奨学金が提供されるわけではなかった。しかし、星野塾長は何としても美恵子を津田の教師として迎えたかったようだ。卒業年次にあたる三年次に、将来のことなどを語るのが普通であるが、星野は、美恵子が二年次の時に、塾長室へ彼女を呼び出している。

星野は単刀直入に彼女にたずねた。

「あなたは将来、何をもって社会のためにつくしたいと思いますか。」

具体的に将来のことを考えていなかった美恵子は、塾長から答えを迫られた時、大いに困惑したが、適当に「先生にでもなりましょうか」と答えてしまったのである。津田の教師にぜひ美恵子をと考えていた星野は、この答えをきいて、美恵子の内面の困惑などに思いをいたすこともなく、彼女について考えている自分の計画を滔々と述べたてた。アメリカへの留学をも含んだその提案は、多くの学生にとって垂涎《すいぜん》の的ともなるものであったが、美恵子にとっては負担でしかなかった。迷っている頃に、らいに出会った美恵子は、星野の提案を受けず、東京女子医専への進学を考えていたため、星野から「だいたい、そういう考えは少女の感傷ですよ。よい教師であろうとするのは、らいの医師となるのと同じくらい、たいへんなことです」と諭されることになる。しかし、彼女の決意もかたかった。

お互いに、自分の思いをあきらめなかった師弟は、一年間の冷却期間をおいた後に結論を出すこととして、美恵子は津田の大学部に籍を置き、予科生を教えることで授業科は免除してもらって、西脇順三郎、玉川直重らの一流の教授から、程度の高い授業を受けた。しかし、英語、英文学に対しての関心よりも、自分の生き方についての方が美恵子の心を強くとらえ、らいと出会った時の決意が、決して一時の感傷ではないことを自覚するのであった。

療養中の美恵子　軽井沢にて

結核発病

こうした時期に、彼女は疲れの激しさから、健康診断を受けに行った。診断の結果、肺結核であることがわかった。

当時、結核は、日本人の死因の第一位であり、特に若い女性で、結核により生命を落とす人も多く、らいと同様に「あの家は結核の家系だ」というように遺伝病として受けとめられ、恐れられていた。一方伝染するということも知られていたので、結核の人に近づくことを嫌う人も多かった。少々のことでは動じない母房子ですら「うちはそんな家系じゃないよ」といって、美恵子からとびのいたほどである。母の結核嫌いを知っていた美恵子は、それほど大きなショックを受けることもなく、家族への感染を避けるために、一人山の家にこもって勉強しながら療養することを医師に願い出た。療養所に入ることをすすめた主治医も、美恵子の勉学好きをよく理解し、彼女にとってはかえってその方が治療効果が大きいのではないかと考え、その願いを許可した。その人にふさわしい方法で治療するということが、近代医学において忘れられている例をしばしば見受けるが、美恵子の主治医が柔軟な考え方で必要な指示を与えた上で美恵子に山での療養を許可したことは、彼女にとって幸せなことであった。

結核の治療には、新鮮な空気、十分な休養と栄養が一番といわれている時代であったから、軽井沢での療養は、理想的であったかもしれない。死を宣告されるにも匹敵する「結核」の宣言であったが、彼女にはあまり嘆き悲しんだ様子はみられない。それよりも、この療養の時を自分の問題を考える思索の時および、勉学の時ととらえたようである。ここで彼女は、旧制大学卒と同等の資格が与えられる、文部省の「英語科高等教員検定試験」を受けてみようと考えた。これにより組織的に勉強ができると考えたのである。時間をきめて、英国からとりよせた本を寝床の上の書見台にぶらさげて読みながら、病気も死も忘れるほどに興味をもって独学した。彼女はこの時、独学の習慣をつけてくれたスイスの学校や成城高女に感謝している。

見舞う人も少なく、食事の世話をしてくれる夫婦も感染を恐れて、食堂と台所の間の小さな窓越しに言葉を交わすだけであり、時に人恋しさをおぼえて窓辺のカラスと話すことさえあったと、彼女は記している。また、彼女は感染の危険のある病者に接する健康人の姿勢からもいろいろ考えさせられた。これが後年、らいを病む人たちに接する時、その人たちの気持ちを推しはかるのに役立ったのである。

一九三五年一一月に、美恵子は弱冠二一歳で高等教員検定試験に合格した。合格に際して報知新聞が写真撮影をしていることから想像すると、おそらく、女性でこのような若さでこの試験に合格する人は稀であったのだろう。合格の喜びに加えて、この時受けた健康診断で、結核も治癒しているることが告げられた。星野塾長は早速アメリカ留学の手続きを開始し、翌春渡米することになって

高等教員検定試験に合格した美恵子　母房子と。1935年11月

いたところ、何と結核が再発したのである。

当時の常識からすれば、今度こそは、もう治癒することは無理と考えられた。再度、山の家へこもることになった時、彼女は世界の名著を原語で読むという遠大な計画をたて、着々と実行に移したのである。病気になればあまり固い本は読まず、気楽に読める本を、と思うのが、まず普通の人の発想であろう。限られた生命と思ったからであろうか、彼女の向学心は病んでますます盛んであった。絶望的にもならず、孤独にも負けず、彼女はイタリア語でダンテの『神曲』を、ドイツ語でヒルティの『眠られぬ夜のために』などを読んだ。

変革体験

さらに進んで、新約聖書を原語で読みはじめた。これは一つには、無教会派の指導者たちが、聖書の内容をより深く理解するためには、原語で読むことをすすめていた影響にもよる。彼女は、学生時代に自分の内面の問題にとらわれ、苦しみ悩んでいたが、一種の「変革体験」というものを経た後、人間を超えた存在——神——によって人は支えられているのであるから、すべてを神に委ねて生きればよいという境地に達していた。この体験は、らいに出会った前後あたりではないかと思われるが、これが「結核」にかかった自分自身をこれほどの平静さで受けとめ、聖書を原語で読もうという意欲の源泉ではなかろうか。

美恵子の代表作『生きがいについて』の中に、「心の世界の変革」という章があり、そこで彼女は自分の変革体験について、ある日本女性の手記という形で詳しく説明している。

「何日も何日も悲しみと絶望にうちひしがれ、前途はどこまで行っても真暗な袋小路としか見えず、発狂か自殺か、この二つしか私の行きつく道はないと思いつづけていたときでした。突然、ひとりうなだれている私の視野を、ななめ右上からさっといなずまのようなまぶしい光が横切りました。と同時に私の心は、根底から烈しいよろこびにつきあげられ、自分でもふしぎな凱歌のことばを口走っているのでした。『いったい何が、だれが、私にこんなことを言わせるのだろう』という疑問が、すぐそのあとから頭に浮かびました。それほどこの出来事は自分にも唐突で、わけのわからないことでした。ただたしかなのは、その時はじめて私は長かった悩みの泥沼の中から、しゃんと頭をあげる力と希望を得たのでした。それが次第に新しい生への立ち直って行く出発点となったのでした。」

美恵子は、自分の身内（自分自身も含めて）を語る時によく、「ある青年が」とか「ある人が」という表現を用いる。現に、この同じ章で、自然との融合体験についてある日本の青年の体験談を記しているが、これはまさしく夫、宣郎のものである（宣郎が自分について語った中にこの体験が記されている）。また、著書『人間をみつめて』の中に出てくる「うつわの歌」について、あたかも誰か他の人が作ったかの如くに記しているが、まぎれもなく彼女自身の詩であることは、後年出版された美恵子の著書『うつわの歌』で明らかである。

古典を学ぶ

いずれにせよ、今回も彼女は、時間割を定めて、独学で聖書のギリシア語コイネーを学び、馴れ親しんでいた聖句を今一度原語で味わったのであった。何度もギリシア語で新約聖書を読むうちに、美恵子の心に、コイネー（聖書のギリシア語）よりもさらに複雑な古典ギリシア語を学習し、ホメーロスやプラトンなどの古典を原語で読もうという願望が生じてきた。かつて、アテネ-フランセのギリシア語科に出席しようと考えたこともあったので、辞典はすでに手許にあったが、文法を独習し、何とか原典を読みこなすようになった。

その時、彼女が出会い、心にしみいる教えを受け、後に翻訳をすることになったのが、ローマ時代の皇帝マルクス＝アウレリウス＝アントニヌスの『自省録』である。彼女は、自分の「変革体験」の意味をこの書によって明らかにしてもらっていると感じた。

マルクス＝アウレリウスは、一二一年にローマで生まれ、一六一年に皇帝となり、一八〇年に病没した。彼は、皇帝という要職にあり、在位中、皮肉なことに彼の最も嫌う戦争が続発し各地に転戦しなければならなかった。しかし、ストア哲学の徒であった彼は、その教えるところを実践し、自らに語りかける言葉を日々の瞑想の中から、要約して記した。人のために教訓を述べたものでもなければ、悟りを開いた人の証しの言葉でもなく、あくまでも弱い、悩み多い人間が、崇高な生き方を求めて努力をつづける求道の記録である。マルクス＝アウレリウスは、正義、博愛、社会連帯感などに基づいて国を統治し、万人の敬愛を集めたというが、心の通じあえる人のいない孤独な人であった。

こうした状況のもとで人に見せるために書かれたものでない『自省録』の五百余の断章は、その一つ一つが、まるで自分に語りかけているもののように美恵子には思えた。あるものはかなり長く、またあるものはたった一行であった。しかし、どの一つをとっても、彼女のとらわれた心を解き放つ助けとなるものであった。過去や未来のこと、自分の外にあるさまざまなことで心を悩まさずに、与えられている現在をよりよく生きることの大切さが、心の底から理解でき、内側にばかりむいていた暗い自分から、明るく人と交われる自分へと変えられていった。

『自省録』がこのように美恵子に多くのものをもたらしたのは、美恵子自身がもともとストイックな生き方をしており、マルクス＝アウレリウスの持つ価値観と同じような価値観を持っていたことによるからではなかろうか。とにかく、この書物との出会いにより、彼女の思索は一段と深められた。

彼女の思索を深め、豊かな人間性を育むのに貢献したもう一つの出会いは、哲学者であり第一高等学校教授の三谷隆正との出会いである。三谷は、一家で親しく交わっていた川西家の夫人、川西田鶴子の兄であるが、美恵子が結核を患い、山にこもっているのを聞いて、同じ病いをもつ三谷が見舞状を送ったのが個人的な親交の始まりであった。彼女は三谷の著書に傾倒していたので、その著者からはがきをもらったことは、恐縮すると同時に、一大感激であったにちがいない。自分たちにあまり心開かず、一人でいろいろ考え悩んでいる娘、しかも療養のために一人山荘で生活している娘のことを、もしかしたら母房子は、友人の田鶴子に語ったのかもしれない。「美恵子は、貴女のお兄様のご本を愛読しているの」というようなことを語っている房子の姿が目に浮かぶ。

三谷隆正との出会い

美恵子は、当然、緊張してお礼状を書いたであろう。こうして美恵子と三谷との間に文通が始まり、さらに、三谷家を訪れて話を聞く機会すら与えられるようになった。三谷は一九四四年二月に世を去っているが、一九三五年から四三年まで、途中アメリカにいる美恵子にあてた手紙を含めて約五〇通の三谷からの便りを美恵子は終生大切に保存していた。

すばらしい達筆の三谷の便りは、最後に「隆正」とだけ署名のしてある、簡潔なものが多いが、その中に一言、二言美恵子の心にひびく言葉がある。たとえば、最初の療養中の美恵子にあてた手紙には「高原の澄んだ空気にさそはれて知能的過労をやらぬやう……」とある。また、二回目の療養の時に受けとった手紙の中に、さりげなく書かれている「汝自身たれ」という言葉は、大きな指針となった筈である。また季節の移りかわりを味わい、自然を愛でる言葉は、彼女の心をなごませた。

美恵子がどのような返事を書いたかは、定かではないが、書くことが好きで、速かった彼女は、きっと、すぐに返事を書いたであろう。それは三谷の美恵子宛の文面から容易に想像がつく。

三谷の死後、追悼文集が出され、それに美恵子も一文を寄せているが、三谷が彼女にとっていかに大きな存在であったかがよくわかる。「この世で出会ったほとんど唯一の師と思っている」と彼女は書いている。彼女の人生の重大な決断をする時期に、一〇年に満たない年月ではあったが、三谷と直かに接する機会を与えられて、美恵子は何ものにもかえがたい大きな示唆を与えられ、すばらしい成長を遂げたのであった。三谷の教師としてのすばらしさもさることながら、打てば響くように、また乾いた砂地に水が浸み込むように、三谷の言葉を理解し吸収していく美恵子を、彼もまたこよなく愛し導いたと思われる。

三谷の姿勢

美恵子もいうように、三谷は決して教えをたれるような態度ではなく、友だちのような調子で彼女に接している。美恵子は、先生から「つねに愛と正義を求めて生きよ」と手紙の中で教えられたと述べているが、残されている手紙の中にはそのような言葉は見出されない。ただ「……ことしも神様が貴女と共にいまして、殊に間近くいまして、強く正しく愛に富む方向に貴女を導き給ふやう祈り上げます。……」という言葉があるので、これを、彼女は三谷の教えとして先に述べたように言いかえたのではないかと思われる。深い信仰の人三谷は、神に導かれて歩み、すべては神の計画の中にあることを信じていたが、美恵子にもまた、神との対話を通して自分の進むべき道をえらびとってほしいと考えていた。そのための助け手として、病弱でかつ多忙な身でありながら、美恵子にできる限りの精神的な支えを与えつづけたのであった。

三谷の姿勢は、まさに理想の教師、かつカウンセラーのものであろう。彼は、あくまでも謙虚で、その博識と深い思索にもかかわらず、若い人たちからも学ぼうとしていた。手紙を読んでいて驚くことは、三谷が美恵子から何冊か書物を借りており、美恵子も臆せず、さまざまな書物に対する感想を述べていることである。もちろん、普通の若い女性に比べれば、美恵子はとびぬけた読書量を持ち、思索も深く、理解力も抜群であったが、三谷の態度は、相手の学識とか能力とかにかかわらず、人として対等につきあい、誰からでも学ぼうというものであったようだ。美恵子は、三谷から大きな影響を受け、彼女自身、また三谷と同じ姿勢をもって生きた。

三谷と会って二時間位話した後、帰路はひろやかな満たされた思いにつつまれる美恵子であったが、後年、美恵子宅を訪れた者は、すべて同じような感想を抱いて帰途についた。また、追悼文は、そっくりそのまま美恵子への追悼としてもおかしくないほど、美恵子の姿勢は三谷のそれと似ている。美恵子は次のように書いているが、これこそ、美恵子に教えを受けた者たちが美恵子に捧げたい一文ではなかろうか。

「先生はいまもなおその著書を通して人の心にかたりつづけておられる。それはじっさいに先生に接するときと同じように、あくまで静かで、あくまでも相手ひとりひとりの個性を尊重しての語りかけである。先生の教えをうけた者が求められているのは、単に先生をまつりあげたり、先生のまねをしたりすることではないであろう。先生が指し示された深く澄んだ泉から生きる力をくみとりつつ、各自が貧しいながらその個性にもっともふさわしいやりかたで、与えられた生命を忠実に生き抜くこと、これが先生のご恩にこたえる道ではないか、とひそかに考えている。」

結核の治癒

このような師に出会えたことは、美恵子にとって大きな幸せであった。ともあれ、治らないと思っていた結核が、その頃新しく開発された人工気胸術を用いて治療したことにより、再び治癒したのである。治療に通いつつ結核療養所で何人かの病友に出会った。この病友たちの多くが帰らぬ人となったが、美恵子はその葬儀の世話をしたり、遺稿集の出版をしたりしていた（美恵子は「遍歴」で矢内原先生に遺稿集を送り「若い人は純情だなと思いました」との便りを頂いたと記しているが、これは彼女の記憶違いのようだ。その文面の手紙は三谷隆正から受け取っている）。かつてらい療養所を訪れた時に、健康な自分を負い目に感じたのと同じく、再び健康をとり戻した自分が病友たちに対して申しわけなく感じられた。しかも、主治医から、無理をすれば再発のおそれがあるので、五年間は結婚を考えてはならないと宣告されたのである。

当時は満年齢でなく、生まれた年を一歳とし、お正月を迎えるたびに一つ年を重ねるという数え年を用いていたが、美恵子が結核の治癒を告げられたのは自分の二五歳の時と記している（しかし、種々の記述を総合すると、それは一九三七年、彼女が満二三歳の時のことのようである）。五年間ということは三〇歳まで結婚できないということである。当時、女性は二五歳までに結婚するのが普通と考えられていたから、三〇歳まで独身でいるということは、美恵子のいう通り、結婚して家庭の人となるという大多数の女性の生き方とは異なる「一生の生きかたを考え」なければならないということであった。自分の生きかたを求めて、大いに悩み、書物をむさぼり読んでいる時、再度、津田梅子奨学金を与えるから渡米して勉強するようにと、星野津田塾長から強くすすめられ、美恵子はこれを有難く受けることにしたのである。

アメリカでの日々

アメリカに渡る

美恵子が渡米した一九三八年は、すでにその前年七月に日中戦争が始まっており、軍国主義一色になりつつあった日本が、中国への侵略のみならず、さらに東南アジア諸国への侵略をも始めようとする時期であった。また、日中戦争開始後の一一月には、日独伊三国防共協定が締結され、英米との軋轢も強まりつつあった。美恵子の父前田多門は、朝日新聞の論説委員として、こうした軍国主義化に反対の立場に立っていたため、軍部から要注意人物として目をつけられていた。これを心配した友人たちの配慮により、彼は新しくニューヨークにできた日本文化会館の館長として、しばらく日本を離れることになった。したがって、美恵子は、フランスに留学中の兄陽一と、すでに結婚していた次妹勢喜子を除いた家族全員と一緒に渡米したのである。

美恵子はコロンビア大学古典文学科の大学院に入り、ギリシア文学を専攻すると同時に、父の仕事を助けて、日本文化紹介の催しでは振袖を着て、茶の湯や生花など日本文化についての説明役を引き受けた。一家は、現在も多くの日本の商社員が住むニューヨーク郊外の高級住宅地スカースデールに居を定め、美恵子はそこからコロンビア大学に通学した。

表面的には、まことに恵まれた生活であり、ギリシア文学の研究も大いに興味をそそられるものであったが、美恵子にとって、それはぬるま湯につかったような生活で、帰国後ギリシア文学専攻者として経済的自立をはかることの困難さの予測と相まって、「これでいいのか」という自問に苦しめられることになる。苦悩する娘を見て、母はフィラデルフィアの郊外にできたクエーカー主義の学寮に入ることをすすめた。

クエーカーのペンドルーヒル

ペンドルーヒルと呼ばれるこの学寮は「研究と黙想のためのクエーカーのセンター」(Pendle Hill : A Quaker Center for Study and Contemplation) であって、現在も創立以来の伝統を、簡素な生活という外面と共に、しっかりとまもっている。ペンドルーヒルの案内書によると、ここでの教育は、人と社会の変革を目ざし、統合された霊的、知的、人格的学びのための時間と資料を提供する。霊的に新しくされることを望む人、自分の職業やライフスタイルについて疑問を抱いている人、クエーカーについて知りたい人、あるいは長年クエーカーとして過ごした上で、さらに信仰を豊かにしたい人、特定の社会問題について知識を深め、同じ関心をもつ仲間とその問題について話しあいたい人、創造的な表現の方法を探索し、高めたい人など、どんな宗教の人でも、国籍・人種にかかわりなく、ペンドルーヒルの教育方針に賛同し、そこで学ぶ意志のはっきりしている人は受け入れられる。「成績とか単位とか試験とか、こういうものはペンドル－ヒルの目標とは関係ない。ペンドル－ヒルで過ごす時間はおよそ結果というものとは独立したもの、すなわちそれ自体ゆえに価値ある人生の一分節として評価されるべきものである。」

成人教育機関であるペンドル－ヒルでは一〇週間を一期とする三学期間の学びのプログラムが提供されていて、聖書の学びをする者もあれば、社会問題や文学などの研究をする者もあるというように、それぞれが自分の研究テーマを定めて学ぶ。研究結果は、論文としてまとめて発表するが、時には詩や、ダンスや、音楽や、演劇の形をとることもあり、また自らの美術作品の展示ということもある。近隣の大学に通うことも許されており、ペンドル－ヒルの図書館の他に、歩いて行ける距離にあるスワスモア大学の図書館をペンドル－ヒルの学生は自由に使うことが許されている。

ペンドル－ヒルでは、全員がさまざまな作業を受けもつことになっていて、食事を作るのも後片づけも当番で行うほかに、外まわりの仕事も週に一度ティームで行う。ペンキ塗りもあれば、草花を植えたり、雑草を抜いたりする仕事もある。またペンドル－ヒルの行事案内や出版物の発送を受け持つ人もいる。こうした作業を通して、それぞれの作業技術を学ぶとともに、自分自身について、他人について学ぶ機会が与えられる。特に、ともに生きることを体験するのである。

ペンドル－ヒルでの四ヵ月余は、美恵子にとって、生涯忘れ難いものであった。著書『遍歴』の中に「ペンドル－ヒル学寮の話」という美しい章があるが、この中には、ペンドル－ヒルのたたずま

ペンドル-ヒル学寮の庭にて　左から二人目が美恵子

い、また、そこで生活している人々、美恵子の思考の軌跡が簡素な筆致で、目に浮かぶように描かれている。事実、ペンドル-ヒルは五〇年余を経過した現在も、新しい宿舎が一棟とその他少数の建物が建築されたことを除けば、メイン-ビルもバーンも当時そのままで、居間ではかつて美恵子も発表したように、各自の研究テーマに沿った発表が行われ討議がされているようである。まわりの自然も美しいし、ウォリングフォードの駅の周辺もほとんど開発されておらず、乗降客も少ない。あえて相違を述べれば、かつて美恵子が歩いて通ったペンドル-ヒルへの道を女性が一人で歩くことはいささか危険とされていること位ではなかろうか。喧騒に満ちたニューヨークからここを訪れると、ほっとして人間性が回復された思いがするのは、現在の方がもっと強いのではないかと思われる。

世界の各地からここを訪れ学ぶ老若男女の学生のほかに、週末に開かれる特別のセミナーへの参加者、宿泊可能な限り受け入れてもらえる訪問者など、ペンドル-ヒルを訪れる人たちは多い。そのうち何人かは、かつてペンドル-ヒルで生活した人たちで、沈思の時を持つことを願って再訪している人々である。美恵子の著作を通してこの学寮について知り、日本から留学する人もいる。バーンの簡素なベッドで一夜を過ごし、階下の集会室で行われる毎朝の礼拝（クエーカーでは讃美歌を歌ったり、牧師がいて説教をしたりという礼拝は行わず、沈黙のうちに各自が神とむきあい、霊感を受けた人が立ち上がってそれを簡潔に発表するという、沈黙礼拝が行われる）に出席していると、時間が逆転して、一九三九年の当時となり、美恵子がそこに現存しているように感じられる。

ペンドル・ヒルの美恵子

美恵子は、ここで学びながら、近隣のブリンマー女子大学――奇しくも、この大学は津田梅子、星野あい、藤田たき等々が学び、津田塾大学にとっては特別に縁の深い、しかも程度の高い大学で、現在、津田塾大学が交換留学生制度の契約を交わしている大学である――でギリシア語の勉強をつづけた。また、ペンドル・ヒルでの研究テーマは、「理想主義とキリスト教」ということになっていた。それは「キリスト教と異教徒」、「キリスト教の信仰の姿勢」という二つの論文にまとめられ、現在もペンドル・ヒルのメイン・ビルの居間の書棚に並ぶ発表論文集の一九三九年のところに綴じられている。すでに紙は黄ばみ、タイプの文字もうすくなってはいるが、前田美恵子と記された二つの論文から、美恵子がここで自分の魂の成長に必要な糧を、十分に与えられたことが窺い知れるのである。無教会主義で培われて来た彼女の信仰が、より柔軟なものへと脱皮したこの時期は、自己決定をする上で、彼女の「長いモラトリアムの中でも最も貴重な部分」となった。「物よりは心を、形式よりは本質を重んじる、ペンドル・ヒルの雰囲気」と、クエーカーの不言実行主義は、美恵子が幼い時から抱いていた価値観と一致するものであり、そこで学ぶ人々との交わりを通してさらに深められ、彼女は生涯、その価値観に基づいて生きたのである。

ペンドルーヒルでの生活が彼女にとって大きな意味をもったもう一つの理由は、彼女がここで生涯の親友、浦口真左に出会ったことである。真左は美恵子の生まれた日の翌日に英学者浦口文治の娘として生まれ、東京女高師（現お茶の水女子大学）卒業後、ペンシルヴェニア大学で生物を学び修士号を取得し、母校である普連土学園の教諭として四〇年近い年月を過ごした。すぐれた教育者であると同時に研究者でもあり、芸術的な才能にも恵まれ、自然を愛し、その美に対する感受性に富む女性であった。日本人が二人だけという、異郷の学寮で出会い、しかも同年輩ということをはるかに越えて、二人の関係は共通の価値観や、自然の観照など強い絆で結ばれていたようである。性格的にはかなり違っていたようであるが、美恵子が真左のペンシルヴェニアでの学友でもあった神谷宣郎と結婚して二児をもうけ、住居も東京と芦屋に別れ住むようになっても、その友情は疎遠になるどころかますます深まり、美恵子の死の日までつづいた。真左も美恵子の死後ちょうど五年を経た一九八四

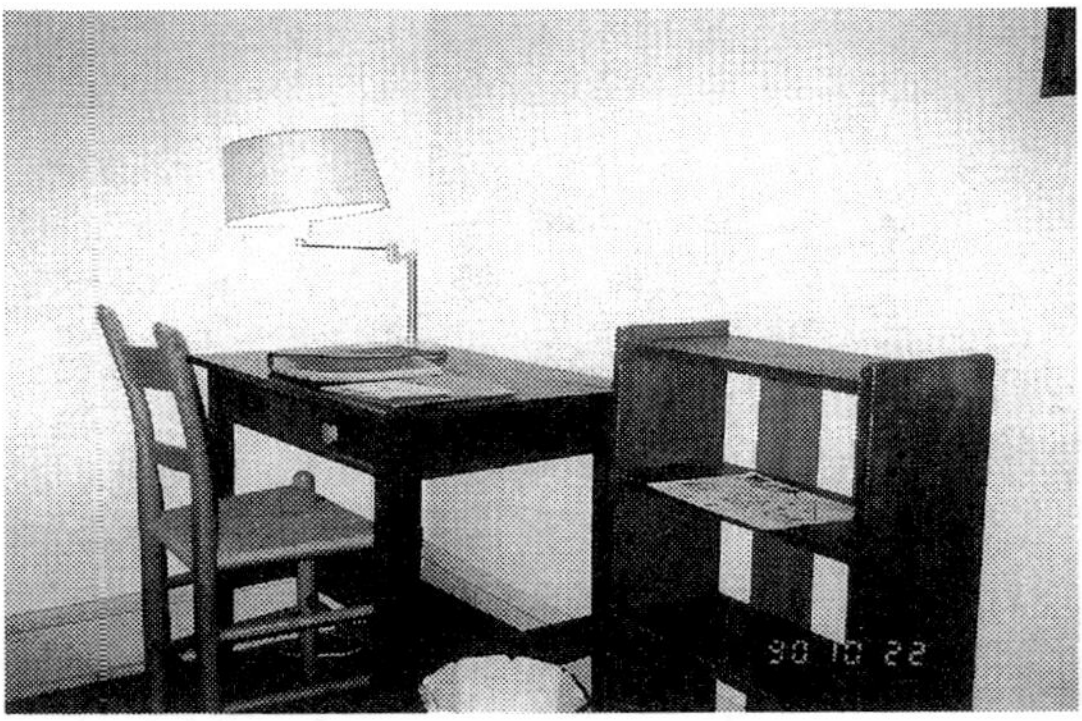
ペンドルーヒルの部屋

年一〇月に、当時の日本女性の平均寿命よりは、はるかに短い七〇歳で天に召されている。

浦口真左との交友

二人の友情は、『神谷美恵子・浦口真左往復書簡集』を一読すれば、それがどんなに純粋で深く、お互いを高めあい支えあっているか、感動をおぼえずにはいられないものがある。彼女たちはともに相手に対する深い尊敬の念を抱き、与えられた友情を感謝していた。二五歳で出会って以来美恵子の死まで四〇年間、「直接顔をあわせる折のなかった年はあっても、往復書簡のとだえた年はなかった」のであった。どんなことを書いても、誠意と愛情をもって受けとめてもらえるという深い信頼感に根ざした往復書簡であり、相互に「裸の心を投げかけることができた」のである。戦災にあって二人ともそれまでにかわした手紙は焼失してしまったが、終戦直前からその死にいたるまで、美恵子は六二四通の手紙を真左に送っている。真左もそれに劣らぬ分量の手紙を送ったことであろうから、この書簡集にはその約六分の一しか納められていない。しかし、読者は、この書簡集から人間の生き方をはじめ多くのことを学び、真の友情がどういうものであるかについて深く教えられるであろう。二人の手紙の格調の高さは、彼女たちの友情が次元の低い馴れあいとは全く別のものであったことを示している。自分の研究や生き方についても意見を述べあい、お互いにすばらしい成長を遂げていく様子は、二人がそろって高い知性と、常に自分をみがく努力を忘れない人格の持ち主であったからこそと感じさせられる。

美恵子にとって真左はあきらめかけていた医学への希望を励まし、再燃させてくれた大恩人なのであった。ペンドルーヒルでは夜九時以降、二人は日本語で話すことを許されていた。将来計画について話しあう時には、美恵子は医学に関する自分のかなわなかった夢について語らざるを得ない。その時、真左は、「どうしてかなわないと決めちゃうの。人間、自分がぜひやるべきだ、と思うことはやるべきよ」と主張した。美恵子は「自分は病人に呼ばれている」というようなことを、真左に語っていたようである。津田塾の世話で奨学金をもらって学んでいる身、両親や師の反対、自分の年齢や健康のことなどから、あきらめかけていた医学への思いが、再び胸に燃え上がって来た。

念願の医学部進学へ

医学への道は、思いがけずここで開かれることとなった。一九三九年五月一三日、美恵子はニューヨークで開かれていた万国博を父と妹と一緒に見に行った。医学の展示の前で釘づけになって見入っている娘の姿を見た父は、とうとう「……君も医学にとりつかれたのだろう。それが何か運命なんだろう。いい、俺もあきらめた。俺の生きてる限り応援してやるからやれ」と告げたのであった。美恵子の喜びはどんなであったろう。ペンドルーヒルでニューヨークの美恵子からの長距離電話を受けた真左は、美恵子のあまりにもはずんだ声を聞いて、何も話しを聞かないで「ああ、医学を始めることになったのね」といったほどであった。こうして、九月から、彼女は医学部に籍をおいて学ぶことになった。辞退するつもりの奨学金も、日本の社会に役立つ婦人を育成する目的の奨学金ということから、ひきつづき美恵子の医学部卒業まで支給されることになった。渡米後の美恵子の勉学状態がすぐれたものであったことを、この一事からも推察できる。奨学金委員会では協議の結果、この利発な奨学生に奨学金を与えることは有意義と判断したに違いない。

パリ在住の兄のところで三人目の子供が誕生するため、ペンシルヴェニア大学の夏期講習に出る予定を急拠変更して、美恵子はパリに出かけた。医学部へ進むことを許され、一刻も早く勉学を始めたいと考えていたにもかかわらず、手伝いに来てほしいという兄夫婦からの手紙を受けとると、美恵子は「行くべきだ」と考え、すぐに船を予約する。自分のしたいことをがまんして、他の人のためにつくす美恵子の姿勢がこういうところにもよく表れているのではなかろうか。子供の世話と家事で疲れはてて時には泣き出したりしながらも、手抜きすることなく、大好きな読書も一時お預けにして兄の家の手伝いをして一夏を過ごした。

折しも、ヨーロッパに戦雲が低くたれこめ、アメリカへ難を避けようとする人たちが多くて、船の切符がなかなかとれず、ようやくとれたのは、予定よりもかなり早い八月一八日の切符であった。往復の船旅の間に、美恵子は自分の人生の指針を与えてくれる師と仰いでいたプラトンの『ポリティア（国家）』を原語で読み通し、多くのことを考えさせられたが、特に最後の第一〇章の終わりにある神話のところで「これからの一生を決定するほどの『電撃』を受けた」ようである。すなわち、彼女は「あらゆる障害を越えて、自分の道をえらぼう」と決心を固めたのであった。

医学進学コースをとるため、コロンビア大学理学部のアンダーグラジュエイトに文学部大学院から籍を移した美恵子は、夢中になって、化学、動・植物学など自然科学系の授業にとりくんだ。毎週行われる小テスト（クイズと称する）、学期末試験と息つくひまもない。講義は実験によって裏打ちされる。したがって一科目週五時間位授業があるのが普通であるから、何科目かとれば予習復習も含めて勉強に追いまくられるのは、当然のことであった。美恵子の場合、語学のハンディキャップはほとんどなかったので、アメリカの学生に伍して、しかも途中からの転入生であったにもかかわらず、ここでも優秀な成績を修めていたようである。当時の日記に「今日かえしてもらった化学の試験も満点だった」とある。

日米関係悪化の中で

日米関係は、多門の日本文化会館における努力などまるで無関係といわんばかりに悪化の一途をたどっており、ヨーロッパ情勢も戦争への道をつき進んでいたので、多門と美恵子を残して、母や弟妹は一九三九年の夏に帰国した。そのため、美恵子は母の代理として、父の社交上の席に出なければならないことがしばしばあったようである。パーティドレスを買いに高級デパートへ出かけることは苦痛であったが、父を助けたいと思う心では人後に落ちない美恵子は、気が進まぬながらも、この役目を果たした。父に対する敬愛の念は終生変わらぬものであり、戦後父が文部大臣になった時も、余人をもってかえがたい最高の助け手として働いたのである。スイス時代には子供でありながら、和服姿で日本のひな祭りについて飾られたひな人形を前にして、流暢なフランス語で説明することのできた美恵子は、外交官夫人となって社交界にデビューすることもできる才能があった（ひな祭りについて付言すれば、ニューヨークでも同じことをさせられたらしく、一九四〇年のひな祭り当日、日本文化会館に飾られたひな段の前で父や来客とともに写した、あでやかな和服姿の美恵子の写真が残されている）。

自分でも、社交界で活躍する自信のようなものがないわけではなかったが、生来的に人前で派手に振舞うことに対する嫌悪感があり、どちらかといえばひっこみ思案で、思索や読書にふけることを好んだ彼女は、そうした道を選ぶことはなかった。また、彼女の多面的な才能を用いて、父や兄の助手として働く道もあったが、自分の本領とするところは、彼らと全くちがうものであることも徐々に明確になってきたので、医学の道に進むことにより自立できることを彼女は喜んだのであった。

希望に燃えて、コロンビアで医学への道を歩みはじめた美恵子であったが、時局は日々に悪化し、結局、一年間授業を受けただけで一九四〇年の夏、美恵子は一時帰国する父と共に、帰国の途についた。日本で医師として働きたいのなら、帰国して日本の医師免許証をとる必要があると、日本から来た医学者にすすめられたことと、結婚するためにも日本に帰った方がよいということによる。

この時点で具体的な縁談がすすめられていた様子はないが、周囲の人々からいろいろな話しがあることは予測できたし、彼女自身も医師から三〇歳までは結婚のことを考えないようにと言われたとはいえ、渡米してすっかり健康になったこともあり、自分の結婚を全く否定していたとは考えられない。お料理やお菓子づくりなども上手であった美恵子は、家庭の人となることに気持ちが動いたとしても、当時の大多数の女性の生き方や、勉学をつづけることを困難にする時代背景などを考えると、そうした迷いが生じるのはやむを得なかったのではなかろうか。

三谷の手紙

恩師三谷隆正との手紙の往復は、太平洋を越えてつづけられていた。医学部進学について、三谷は「大賛成」と述べ、みっちり勉強するようにと励ました。美恵子は、多くの人から医学へ進むことを反対されていたので、年長者で師と仰ぐ人からこのような手紙をもらったことがよほどうれしかったのであろう。後年、医学への進学を「賛成して下さったのは三谷隆正先生だけであったろうか」と記している。美恵子は迷う気持ちを三谷に正直に告げた。それに対して、三谷は決してやみくもに初志堅持を説くことはせず、彼女自身の決意を励ましたり、勉学ということに関しては、「シュヴァイツァーの意気をならえばいい」と書いている。この手紙が美恵子に届いた頃、彼女はほとんど医学部進学を断念し、日本に帰って結婚を考えようとしていた。しかし、この手紙を受けとって、美恵子は、あらためて医学に進もうと決意を固めた。

一九四〇年二月二〇日付の手紙で三谷は次のように書いている。

「一月二五日付の御手紙拝誦。小生の前便が意外の時機に着いて意外の役割を演じた御様子、凡て意外だらけです。貴女が手紙を御書きの日の翌日（……）御母堂と出会、御母堂から医学断念の電報ありし由、一寸御聞きしたのでした。そこまで往ったのが盛りかえして来たのだから、神様も御許しなのだろうし、御両親も御許し下さることでしょう。何しろ先の事は神様委せで御健勝御勉強のほど祈り上げます。そうして時熟して良い結婚をなされるよう切に祈ります。是も神様が許して下さるように思う、否、そのように用意していて下さるように思います。（……）」

こうして揺れ動く気持ちをかかえて帰国した美恵子は、すぐに東京女子医専（現在の東京女子医科大学）校長の吉岡弥生を訪ねた。吉岡は、二学期から好きな学科にだけ出ればよいといい、美恵子を女子医専本科に編入学させることを許可した。これは全く例外的な措置で、吉岡校長の度量の広さを示すものである。

東京女子医専時代

女子医専への編入

どういうわけか、一九四〇年八月中旬から一九四一年末までの日記が紛失している。あるいは、美恵子自身が意図的に処分したのであろうか。今となっては知る由もないが、美恵子が横浜に到着した一九四〇年七月八日の日記の中に記されている帰国直後の彼女の行動記録と、医専で同級となり生涯にわたって友人として親交のあった明石み代の日記から推察すると、最初は自由に好きな科目だけ聴講していたが、一九四一年六月に正式に東京女子医専の本科一年生として編入されたと推察される。二〇歳前後の同級生たちは、二七歳の彼女が、ただ年上というだけではなく、非常な博識、すぐれた語学力、文学や音楽に対する豊かな才能を持っていることを知って、「どんな事でも教えて下さる、先生のような、お母さんのような、お姉さんのような人」と感じたのであった。

美恵子は年齢のことなどほとんど意識することなく、制服を着て、東中野の自宅から胸はずませて自転車で通学（おそらく三〇分位かかったのではなかろうか）した。戦時中のため就学期間が短縮され、一九四四年九月末の卒業までの三年半、彼女は夢中になって医学知識を吸収したのだった。

一九四二年四月から一九四五年一二月末までの、「若き日の日記」を読むと、戦時下のきびしい時代に美恵子がいかに心豊かに充実した学生生活を送ったかが手にとるようにわかる。専門の医学の勉強は、学校で課されたもの以外に、自ら参考書を探して学び、教師の指導を仰ぎ、見学に行き、予習復習もきちんと行っている。

同時に彼女は、多くの書物を読み、かなりの時間を文章や詩を書くことに費やしている。彼女の胸の中には、書きたいことが山積しており、膨大な量の日記もその一つの表れであったが、特に詩を書きたいという思いは強かった。日記の随所に、まとまった時間を書くことにあてたいという願いが書きとめられている。事実、いくつかの詩を彼女は書いているが、医学志向と文学志向の両立は困難なことであったようだ。趣味程度なら両立できたであろうが、彼女は、一般に考えられるよりはるかに高い要求水準を自らに課さなければ満足できなかったのである。

このことは、彼女の日記の記述に昨日は百頁しか学術書が読めなかったとか、一晩で英語の小説を読了したとか、数多くの書物の読後感、出版社から依頼された翻訳の仕事、ピアノの練習、それに家事を手伝い、友人や知人に会ったことなどが、次々と記されている

女子医専時代の美恵子（左）

ことから容易に想像できる。彼女の読書力は量において、質において、また速度において類いまれなものであったとしか思えない。愛好する書物は再読したり、翻訳書の場合は翌日その原書を読むなど、一体どうしてこのような生活が可能であったのか、ただただ感嘆するのみである。

時には授業を休んだり、苦手の科目の試験勉強に苦しんだり、年下の友人たちとおしゃべりを楽しんだり、普通の学生と変わらない生活もしている。ピアノの連弾をすることもあったし、本屋めぐりもした。しかし、彼女はどこかにクラスメイトと一線を画しているところがある。これは、やたらと友を求めたり、グループで活動することよりも、自分をしっかり持ち、自分の考えに基づいて行動することを好む美恵子の性格に加えて、彼女が英語やフランス語を教えることを依頼されて級友たちの先生の立場に立つこともあったことと、七、八歳年下の級友たちに囲まれて、もともと彼女にそなわっている長女的性格から、無意識のうちに級友を保護者的なまなざしで見ていたことによるものであろう。

彼女が医学を志したのは、らい者に仕えたいということが動機であった。実際に医学を学び始めてみると、大脳生理学にとりつかれてしまいそうになったり、専門を何にしようかと、時に迷うこともあったようだ。しかし、らいのことは常に彼女の心にあった。医専二年の時、木下杢太郎のペンネームで知られる太田正雄の研究室を訪れ、らいを接種した動物の解剖を見学したり、らいの組織標本を見せてもらい、彼の研究室に将来入室して、らいの実験に微力を捧げて行きたい旨、研究室訪問後、太田に出した礼状に記している。また、太田の『現代の癩問題』を再読して、一生らいの研究に献身しようと固く決意したり、折にふれてらいに関した記述が日記に見られる。三年に進んだ時、彼女はらい園見学を考えたが、最初、父は見学すら許さなかった。しかし、彼女の熱意に負けてか、六月一日の日記に「父上、見学にならし、癩院へ行ってもよしと言わる」とある。

愛生園の見学

一九四三年八月四日の夜、「約十年も前のこと、一つの『生きる意義』を喪って宙に漂う私の前に、東京府下全生病院癩療養所見学の際、新たな『生きる意義』として立ち現れたのが癩への奉仕ということであった。爾来《じらい》さまざまの紆余曲折はあったけれど、私のひそかな希いと歩みは殆ど常にそれに向けられていた。今や医学校卒業の日も来年に迫っている。果してこの方向が単なる主観でないかどうか、たしかに自分に運命づけられたものかどうか、それを見窮めるために今私は岡山の国立愛生園癩療養所に旅立とうとしている。あそこには何が、どんな生活が待っているだろう」と記して、美恵子は愛生園を目ざして夜行の寝台車に乗った。こうして、美恵子は八月五日から一六日まで、愛生園で見学兼実習をさせてもらった。当時は戦時中で、二〇〇〇人の患者に対して医師は光田園長を入れて四人という状況であったため、彼女はあらゆることに携わっている。愛生園に理想のらい療養所を作るべく、最初から何人かの患者たちと共に島に渡った光田健輔は当時六八歳であったが、現役の園長として戦争中のきびしい状況の中で園をまもり、指揮していた。暑さの中での解剖も、患者の診療も、大詔奉戴日（太平洋戦争開戦の詔勅の出た一二月八日をおぼえて、毎月八日を大詔奉戴日と称し、戦勝を祈って神社参拝や式典が行われた）の訓話もすべて行い、文字通り、患者たちの慈父として、島で生活する光田園長の姿に美恵子は深い感銘を受けた。

光田は、「救癩の父」と呼ばれる反面、強制的に患者を隔離収容したということで戦後内外からの批難を受けた。しかし、美恵子は、光田がさまざまな困難の中で、すぐれた業績をあげ、弟子たちを育て、患者を心から愛し、一生をらいとの戦いに捧げたことを知っていたので、生涯にわたって敬愛の念を抱き、光田が歴史の中で果たした役割――たとえ、現在の立場から見ると数々の過ちがあったとしても――の偉大さを認めることに躊躇しなかったのである。

暑さも忘れて、美恵子は島での一分一秒をも無駄にすまいと医師や看護婦の仕事についてまわり、自らも顕微鏡をのぞき、診察し、読書をし、子供たちをも含む島の人々と交わった。同時に彼女は、美しい島の風景をスケッチし、詩を作り、散歩を楽しんだ。医者たちは、学問的にも非常に活発で独創的な研究に打ち込み、患者も医師の研究成果に大いに期待しており、しかも、研究材料はいくらでもある。その上、文芸、音楽、宗教などあらゆる面を通しての患者の指導も、医師がそれぞれ自分の得意の分野で行っている。こうした状況を体験して、都会の多くの医師があまりにも自分の利益に汲々としていることにいささか落胆していた美恵子は、ますますこの長島で働きたいとの思いが強まった。島を去るに際して、美恵子は卒業後ここで働かせてほしいと光田園長に申し出て、園長もそれを喜んで受けている。

帰京後、彼女は愛生園で働く希望を口にしており、妹とし子の賛成を得た。また新潟県の知事をしていた父の公舎を訪れ、母ともその話をして理解を得ている。

一二月二日付の日記には、次のような決意が記されている。

「レプラへの御召あるならば、どんなにつらかろうと他のことは切り捨てねばならぬと改めて思う。八年間の歴史は決して短いものではない。偶然なことでもない。何故に医学を始めたか、を夢にも忘れてはならぬ。」

しかし、父の反対は絶対的であった。彼女にとって父は最愛の人であった。あれほど反対しつづけた医学を許してもらい、現在も経済的負担をかけつづけていることを思うと、彼女はそれ以上逆らうことができなかったのである。後年、父は、あんなに反対したことを後悔している、と長島の高校生たちに講演をしに愛生園を訪れた時に語っている。一三年後に美恵子は再び島を訪れ、その後島の精神科医療に携わることになった。こうした経験を通して、彼女は自分のしたいことをやみくもに実現しようとするのでなくて、ねばり強く機会が来るのを待ち、その日のために実力をたくわえておくというやり方を後輩たちに助言している。また、卒業後、直ちにらいの仕事をしなかったことについてもすべて父の反対のせいにするのではなく、自分の意志の弱さにも原因があるとしている。

精神医学の道に

らいを専門にできそうもないと感じた時、彼女が選んだのは精神医学であった。もともと心理学には興味を持っていたことと、彼女が結核からの回復期で家にいた頃に、兄陽一の後輩にあたる人から、自分の妹は頭が少し弱いので指導してやってほしいと頼まれたことが、彼女に精神医学を選ばせた遠因ではないかと美恵子は考えている。この妹は、当時東京女子大学に在学中であったので、美恵子は英作文を教えるという形でつきあっていたが、時折、彼女が常人の理解を越えることを言ったり、英作文に書いたりした。また、数ヵ月ぱったりと姿を見せなくなったりすることもあった。交友は、美恵子の渡米をはさんで帰国後もつづいたが、この人は精神的な病いを患っていて、姿を見せなくなる時は入院していたのであった。彼女を通して、主治医であった島崎敏樹と出会い、精神医学に関する書物を次々と借り受け、常人の理解を越えると思っていた彼女の言葉が幻覚妄想に由来するものであることも理解できるようになった。

この人は、美恵子の日記にしばしば登場するY子であるが（X子とされている場合もある）、美恵子を非常に慕っていた。彼女の病像について、美恵子は島崎にいろいろ質問し、島崎も、打てば響くような反応のある美恵子を指導するのは楽しかったようだ。美恵子が結婚して、その後関西に行くことがきまった時、直接の弟子ではなかったにもかかわらず、島崎は愛弟子をうばわれたような思いがしたようである。後年、新聞のコラムに、「神谷宣郎という人が現れて、美恵子を関西に連れ去った」と、いかにも残念そうな口調で島崎が書いていたのを筆者は記憶している。Y子もまた、宣郎に美恵子を奪われたと感じた一人であったかもしれない。彼らの結婚は美恵子を恋人のように感じていたY子にとって大きなショックであった。Y子がそのショックから立ち直っていない一九四九年に、美恵子は不用意に自分たちが渡米するかもしれないということを彼女に洩らした。その夜、彼女は多量の睡眠薬を飲んで自ら二九歳の生命を絶った。美恵子は生涯このことを忘れず、自分の認識の甘さを責めつづけた。

閑話休題、一九四三年の暮頃から、美恵子は松沢病院や東大の精神科を見学し、精神医学に対する関心をますます深め、学問的な興味としては、らいにまさるほどのものを感じていた。また、精神医学なら親の反対もない。母は、早速旧知の東大教授内村祐之を訪れ、美恵子の卒業後の指導を依頼した。一九四四年二月、美恵子は内村に会って、一生医学を捨てないと話し、九月から入局することを許された。内村もまた、美恵子の才能を見ぬき、美恵子の成長を楽しみにした一人である。一九七五年、筆者が神経研究所付属晴和病院で実習をさせてもらった時、所長の内村に挨拶しにいくと、「津田塾? 神谷美恵子さんを知っているかね」と開口一番聞かれたことを思い出す。ジュネーヴ時代の可愛い〝美恵ちゃん〟を知る内村は、すっかり成長して自分の前に坐り、精神科医としてスタートを切ろうとしている美恵子を見て、日本のためにすばらしい貢献のできる女医の誕生を感じた。その後、期待通りに着実に仕事を続けている美恵子のことを常に心のどこかで喜びをもって暖かく見まもっていたのであろう。

美恵子の愛した聖句

美恵子が精神医学を志したもう一つの理由――そして、その理由こそが、案外無意識の中では最大の理由であったかもしれないのだが――それは、精神病院では、内科や外科とちがって、いくら患者のために尽くしてもその場で感謝を受けるということがないということであった。また、精神的に自立して生きていけないが故に、病者となった人たちに対して治療を施し、彼らにうちにひそむ自分の力で立ち直ったと思わせてこそ、本当にその患者は治癒したといえるのであるから、その面でも医師は忘れ去られる存在となる。彼女は、強者の立場から、弱者に何かをしてあげるという立場には決して立つまいと、心の底から考えていた。

聖書のルカによる福音書一四章一三節および一四節前半の「宴会を催すときには、むしろ、貧しい人、体の不自由な人、足の不自由な人、目の見えない人を招きなさい。そうすれば、その人たちはお返しができないから、あなたは幸いだ」(新共同訳による)という聖句を、彼女は好んだ。この聖句は、「正しい者たちが復活するとき、あなたは報われる」とつづく。美恵子は、一四節前半までを記した後に、かっこをつけて、「(このあとについている句は嫌いだ)」とわざわざ書き添えている。潔癖な彼女は、報いを期待して行動することには堪えられなかったのであろう。

彼女はまた、ヨハネ福音書一五章一三節の「友のために自分の命を捨てること、これ以上に大きな愛はない」という聖句に従って歩みたいと思っていた。津田塾の学生時代、多磨全生園で見たこと、それはこうした聖句を実践している人たちであったし、それ以来、彼女の心を占めてきた考えは、たくさんの恩寵を与えられている自分が、不運な人々――病める人、不幸せな人、性質の悪い人、精神病の人――などに対して大きな負い目を負っているということだった。「あの人たちは私に代って悩んでいてくれるのだ。人類の悩みを私に代って負っていてくれるのだ。哲学も、神学も、主義も、理屈はどうでもいい。（……）しかし、右のことだけは変らぬ。それは私の持って生れた感じだ。甚だ主観的ではあるが、この方向に伸びて行くことこそ真に私の生くる道であることを深く確信する」と日記に書いている。この思想が「癩者に」という詩（次章参照）に結実した。精神科は、人に騒がれることが少なく、患者にちやほやされることの少ない「地味なかくれた道」として、彼女は心惹かれたのである。彼女は人の世の苦しみにあずかり、深く人を愛し、ひたすら学究の道を歩むことを願っていた。

彼女のいう愛は、キリスト教でいうアガペーの愛（神が罪人である人間に対して自分を犠牲にするという憐みに満ちた行為であり、キリストの十字架の愛がそれにあたる）であり、すべての悩む人、苦しむ人に対して自分たちが負い目のある者であることを理屈なしに感じる心情のことであり、人類すべてとの深いつながりを感じることであった。医者になることは、彼女にとってこの愛を実践するためであった。苦悩する人々と切っても切れぬ縁を結ぶことであり、病者の人格を忘れて、単なる病気の見本として見てしまうことをしてはならぬと固く心に刻みつけていた。彼女が「負い目」という時、それは「劣に対する優のひけめとして患者との間に壁を感じる」のではないかという朝日ジャーナルのインタビュアーの解釈とはいささか異なっているように思う。真に「負い目」を感じている人は、壁を打ちこわす行為を実践する筈であり、人類が優劣によって分けられるという考えは持たない筈である。どの生命も絶対者の前では何ら優劣がないのであるから、多くを与えられているものは、それだけ多くの負い目があると感じているのであって、優者が劣者に何かを施すというものではなかった。彼女は一生を通じて、自分に許される形でこの負い目を償って行こうと考えたのである。

一九四四年九月戦局の悪化を告げる中、東京女子医学専門学校も半年短い就学期間で繰り上げ卒業式を挙行した。美恵子は首席で卒業し、津田塾卒業時と同じく卒業生総代として答辞を述べた。

東大病院精神科医局員時代

内面の充実への関心

卒業を前にして美恵子は、父と敗戦の話をしている。彼女の不安は、いかなる場合にも精神の平静と自由を持ちつづけ得るか、ということにあった。

外面の困難、たとえば衣食住の不安、敵の攻撃に対する不安は、彼女の日記には記されていない。たしかに、彼女は恵まれた環境にあったのかもしれない。しかし、彼女にとって外面的なことは、ある意味ではどうでもよいことであり、あくまでも内面の充実をはかり、本質的なものを尊重して生きられればよいとしていたのであろう。空襲が徐々に激しくなりつつある時期に、美恵子はなつかしいペンドルーヒルのことを文章にまとめ始め、美しい自然に精神を澄ませ、バッハの音楽に心を洗われる日々を過ごしている。

同時に、東大の精神科医局への入局を前にして、しっかりと地に足をつけ、悩める人々の中に入り、大自然の美も精神の世界の美しさもその人たちと共に楽しんでいこうと固く決意をした。その当時、健康な若い男性は戦場に送られていたので、東大病院といえども人手不足で、入局したばかりの美恵子も患者を持たされ、外来の診療にも従事している。そうした状況の中でも彼女は、信じられないほどのがんばりで、次々必要と考える書物を読了していく。その一方、「美と愛と――これらの不足が身に沁みる。ごめんなさい、とみんなに言いたい。知識欲にがつがつした、がさつな自分が悲しい。精神科医として美しくありたい！　それのみ願う。学問や知識が何だ」とも書いた。

謙虚に、控え目に、目立たないようにといくら努力しても、やはり、彼女は目だつ存在であった。多くの人が彼女に惹かれたし、大先生たる内村は、知友の娘であり、しかもあらゆる面で能力豊かな美恵子に、次々と課題を与え、何かと声をかけた。こうしたことから、中には彼女に嫉妬する人がいても不思議ではない。もともと孤独を愛する傾向のある美恵子は、人間関係のわずらわしさに悩まされ、そうしたことで引きずりまわされないように、超越して学ぶべきことを学び、患者に対しては、あくまでも誠実に、最善を尽くそうと考えた。彼女の人間観察は鋭い。浅薄な人、苦悩しない人、衒学《げんがく》的な人、患者に対して仕えるという姿勢の少ない人を彼女は嫌った。大学という権威主義的な場をいずれ離れて、田舎の病院で医師をしながら文学をする、というような夢も時々頭をかすめた。

しかし、現実はのんびり夢を描いたり、勉強一すじに歩むことを許してくれるものではなかった。空襲で負傷した人が次々運びこまれてくる。不十分な栄養や過労から、一挙に結核が悪化する人もいる。何科の患者であろうとも治療にあたらなければならなかった。そうこうするうちに、一九四五年五月には、美恵子自身の家も焼けてしまった。とにかく全員無事であったことを感謝し、多くの人々の暖かい見舞や援助に感動し、家が焼けたことは、むしろ人並になってよかったと感じるほどで、あまりショックを受けていない。この時、将来彼女の夫になる神谷宣郎も見舞にかけつけている。彼女が焼けあとに立って涙を流したのは、ジュネーヴから帰国して以来、彼女と共にあった二台のピアノの焼け落ちた無残な姿を見た時であった。音楽なしの生活を想像することは、彼女にとっては生きることをやめよといわれるほどにつらい苦しいことであったに違いない。音楽、特にバッハを聴き、弾くことは、彼女にとって「祈禱以上の祈禱」であると述べ、「自己を絶した真善美なる世界に触れ」させ、「大きな生きがいと精進の力とを与える礼拝ともなる」と書いている。

一家は軽井沢に住むことになったが、美恵子はしばらくの時を軽井沢の静かな自然の中で過ごし、その後、七月より東大病院の病室に住み込んで診療にあたった。終生よき交わりをつづけた精神医学者で島崎敏樹の兄にあたる西丸四方は、この頃外来患者の責任者であった。短波放送を通じて敗戦を八月一五日の数日前に知り、敗戦後の日本で、自分に与えられている素質と経験を活かして何事かを為していかなければならないと勇気をふるい起こしていたこともあってか、美恵子は安田講堂に学生・教職員全員が集まって終戦の詔勅を聞いた時も、すすり泣く人のある中で、今後の自分の歩みを思い張り切っていた。内村も「これからこそ美恵ちゃんに英語の力で大いにやって貰わねばならない」という。空襲で睡眠不足になることからも解放されるし、窓をあけ灯をつけて、ものを読んだり書いたりできることも、美恵子には大きな喜びだった。

美恵子がこの決意に基づいて行動しなければならぬ日は、直ちに到来した。父、前田多門が文部大臣に就任したことが八月一八日のラジオのニュースで放送され、夜九時には、父の「人文科学と自然科学を綜合して新しい日本文化を礎《きず》き上げる」という抱負を、ラジオを通して自ら耳にし、身を粉にしても父を助けたいと考える。一方、医局ではアメリカの精神医学についての話をたのまれたり、GHQから医局への来訪者があれば応待したり、案内したりしなければならなかった。

語学力を駆使して

父は、その経歴からもわかるように、国際連盟や、日本文化会館で仕事をしてきていたので、英語で直接GHQと交渉することができた。しかし、膨大な各種文書の英訳は、当時、実用英語のできる人は文部省に一人しかいなかったということで、美恵子に東大を休ませてもらって文部省へ手伝いに来てほしいというのが、父の望むところであった。戦争が終わり、精神医学の勉強に集中できると考えていた美恵子にとって、文部省の仕事をすることは気がすすまなかったが、父の「国家の大事」だからという強い要請に負けて、パートタイムでその仕事を引き受けることとなった。

ここで、美恵子の天才的ともいえる語学力について言及しておきたい。フランス語は「今なおフランス語でものを考えること、読むこと、書くことがいちばんらく」と、自分の一生をふり返って美恵子は書いているが、九歳から一二歳までたった三年間だけフランス語圏に住み、帰国後は日本語で教育を受け、家庭でも日本語を使うという環境にありながら、これほどの語学力を保持したということは、やはり稀なことであろう。しかも、美恵子の日本語の文章の流麗さは、その著書を読む者が皆感嘆するところである。また、一二歳で帰国したにもかかわらず、一二歳の頃までに修得する語彙や、その年齢の子供の書くフランス語の文章にとどまっていなかったということは、彼女の読書好きに加えて、兄と共にアテネ-フランセで勉強したことによると思われる。しかし、どう理由をつけても、この語学力は先にも述べたように、彼女の天与の才能によるとしかいいようがない。

彼女のフランス語がいかに本格的なものであったかを示すエピソードとして、神戸にあるカナディアン-アカデミーで教鞭をとったことがあげられる。カナダは英仏両語が公用語であるため、小学校から英仏両語を教えており、この学校でもフランス人の先生がフランス語を教えていたところ、急病で倒れて教えられなくなった。貿易商のフランス人はいても教えた経験がないので教師としては採用できない。困りはてたカナディアン-アカデミーの校長が美恵子のことを聞きつけて、フランス語教師になってほしいと依頼に来たのである。高校一年から三年までの外国人学生に、英語を一切使わず、フランス語だけを用いてフランス語を教えるために、教員にも生徒にも日本人が一人もいないこの学校へ、美恵子は半年間ずつ二度にわたって教えに通った。

英語に関しても、これまた、日本語同様自由に使いこなしていた。ペンドルーヒルに残っている二篇の英語の論文は、そのことを証明するものである。彼女はコロンビア大学の授業を受けた時、

「英語の問題は全く障害とならなかった」と記している。これも普通の留学生には通用しないことで、彼女の夫、宣郎は「私は多年の外国生活で英語の力など充分なければならないはずなのだが、実際はなかなかそうはいかない。私が書く英語の論文や著書の原稿直しについて、彼女はいつも献身的な協力をした」と書いているが、これが一般的なことであろう。英文の原稿直しは夫の弟子たちのものにまで及んでいる。

その他、ドイツ語、イタリア語はヒルティや、ダンテを原語で読む力を持っていたし、ロシア語も自習している。また、ギリシア語・ラテン語については、コロンビア大学の大学院で古典を学ぶほどの力を有し、後年、そうした古典の翻訳をしたことからも力があることは明らかであろう。

文部省での働き

このような語学力に加えて、適切な判断力と高い知性を持った彼女の実力は、GHQでも直ちに認めるところとなった。とにかく、文部省の出す書類はすべて英訳しなければならず、しかも、それらは即刻行わなければならなかったため、彼女はしばしば徹夜に近い状態で仕事をした。彼女は何度も辞任を申し出たが、文部省側もGHQ側も、彼女を手離そうとしない。父が翌年一月に公職追放令にかかって文部大臣を辞してからも、次の安倍能成文部大臣のために、どうしても文部省の仕事をせざるを得ず、しかも今回は大臣の通訳もしなければならなかった。結局、内村教授からもすすめられ、美恵子は、正式な辞令をもらってこの仕事を引き受けた。

この間の事情は、彼女の「文部省日記」に詳しい。戦後の文部行政に果たした彼女の役割の大きさは、一般にはあまり知られていないが、すぐれた人材が文部省首脳部に集まり、敗戦国日本の教育の振興を目ざして立案した計画が美恵子の翻訳により、次々とGHQに提出された。時には、彼女自身の意見もとりあげられている。

父に対して敬愛の念を抱き、「恩返しの機会」ととらえて文部省の仕事を手伝ったのと同じく、GHQの人に対しても堂々と接する安倍文部大臣の態度も、美恵子は好ましく感じ、誠心誠意彼を助けた。しかし、彼女は自分の本業でない仕事にあまりにも多くの時間をとられることが情けなかった。自分の語学能力がのろわしく思われてならなかった。「語学の奴隷には決してなるまい」と覚悟して、まだ父が文部大臣の時に無理矢理、大学へ戻ったが、彼女が助けないと直ちにさまざまな齟齬《そご》をきたす文部省で苦労する父を見ると、やはり自分を犠牲にしても助けざるを得ないと考えるのであった。彼女は、どんなにいやだと思っても、それだからといって手抜きの仕事はできなかったので、結果的にはその仕事が大いに評価され、ますます彼女のところに仕事が持ちこまれることになったのである。彼女のいうとおり、彼女の中に「献身と自己主張との本能が両方、絶えず抗争し合っている」ために彼女は苦しむ。たしかに、「彼女にしかできないことが多すぎたのは一つの不幸であった。」（中井久夫氏の言葉）

医局での経験

このような状況の中でも、彼女は医局にできるだけ顔を出し、総回診や抄読会に出席し、多くの本を読んでいる。また戦犯として収容されている大川周明の精神鑑定をする内村について巣鴨拘置所に行ったり、その鑑定書の英訳などをしている。睡眠時間を削ってこれらすべてのことをやり遂げていく美恵子の活躍ぶりは驚嘆に値する。一九四六年五月に、安倍文部大臣の辞任と同時に、ようやく美恵子の文部省での仕事は終わりを告げた。

本格的に大学へもどれると喜んだ美恵子であったが、その期間は短かった。彼女が結婚することになったからである。東大医学部付属病院の精神科医局員として、フルタイムで仕事をした期間は短かったが、戦時下、敗戦直後というような時期であったため、多くの貴重な経験をすることができ、先輩医師たちとも大いに論じあえた。大脳生理学にはもともと関心を持っていたが、脳腫瘍患者を入局後担当したことは、心の働きと脳との関係を深く考えるきっかけになったし、次々運ばれてくる空襲による負傷者たちの態度や、医師や看護婦の患者への接し方は、自分が医師としていかに人間性豊かに生きるかを考える上で鏡の役割を果たした。東大における経験について、美恵子は「(……)内村先生の厳正な学問的態度と、患者さんに対する暖かい接しかたに毎日ふれることができたのは、精神科医としての最高のスタートであった、といつもありがたく思っている」と記している。この経験は、長島愛生園で医師として働いた時にもいろいろな形で役立ったと思われる。

III　人生の本番

結婚まで

神谷宣郎との縁

一九四六（昭和二一）年七月三日に美恵子は、新進気鋭の生物学者であり、東京大学理学部講師の神谷宣郎と結婚した。一時は一生独身を通す覚悟をした美恵子であったが、健康を回復するにつれて、さまざまな縁談が持ち上がった。彼女自身、決して結婚を否定していたわけではなく、また家庭的なことに対する愛着も十分持っていた。しかし、医学への想いは深く、結婚が仕事のさまたげになるのではないか、家事に多くの時間を取られるのではないか、さらにそれに加えて〝書く〟こともしたいと考えると、なかなか結婚にふみきれなかったのであった。

ところが、彼女の才能、容姿、人柄に魅せられて、多くの男性が彼女に近寄り、恋愛感情を抱いた。アメリカでも日本でも、男性を惹きつける自分を美恵子は責めた。「恐ろしいのは知らず知らず人を誘惑してしまう私という人間の、構成である。男性に対するわなたる自分である」と日記に記す美恵子は、やはり結婚すべきではないかと悩むのである。ある男性につきまとわれ、身の危険を感じるようなことが起こったりして、一週間ほど仕事を休まざるを得なくなった時、母も、男性

神谷夫妻　芦屋の自宅庭にて

の中で美恵子が仕事をするには結婚した方がよいとすすめた。妹とし子が姉の夫としてふさわしい人物として白羽の矢をたてたのが神谷宣郎であり、両親も一も二もなく賛成した模様である。

神谷宣郎は、東大で植物学を専攻した後、大学院で卒業研究の続きの仕事をしていたが、ドイツ留学の希望が容れられて、自然科学系では後のノーベル賞受賞者朝永振一郎博士につぐ二番目の日独交換学生として、一九三八年四月ドイツへ旅立った。彼が旅装を解いたのは、ギーセン大学のキュスター教授のもとである。ここで植物細胞学の巨匠キュスターから徹底的な指導を受け、専門的な研究を熱心につづけていた。

ところが、一九三九年夏、ドイツが戦争に突入したため、バルト海にある小さな島の臨海実験所から、ギーセンの下宿へもどることもできずに、スーツケース一つを持って、指示されたとおりにハンブルクに入港中の靖国丸に乗船したのであった。この船には、当時ドイツに滞在していた邦人約一八〇名が乗船していた。宣郎は、研究途中で帰国することがいかにも残念であったし、また一度帰国すれば再び留学の機会に恵まれることもないのではないかという気持ちから、帰国の途中で靖国丸が寄港するニューヨークで下船し、アメリカで研究することはできないものかと考え始めた。

アメリカに知人もなく、誰からの紹介状もなかったが、彼はフィラデルフィアのペンシルヴェニア大学教授ザイフリッツ博士の著書を読んだことがあり、この高名な原形質学者のもとで学ぶことを願って、ドイツ語で長文の手紙を認め、意を決してただ一人ニューヨークで下船し、その手紙を投函したのであった。一九三九年秋のことである。

当時、前田多門はニューヨークに新設された日本文化会館の館長をつとめていたため、一家はニューヨークに在住しており、美恵子は、医学を学ぶことを許されて、いそいそとコロンビア大学の医学進学課程で学び始めていた。日本文化会館の存在を新聞記事を通して知っていた宣郎は、不得意な英会話で道をたずねながら会館を訪れた。幸い、在館していた館長の多門は、話を聞いた上、親切にすぐにザイフリッツ教授に電話して、彼のために面会の予約をとってくれた。この館長が将来自分の岳父となるとは、宣郎にとって思いもかけなかったことであった。

三日後、ザイフリッツ教授の研究室に到着した時、驚いたことに、彼を迎えたのは日本人女性であった。ペンドルーヒル学寮で、美恵子と居を共にした浦口真左は、ザイフリッツ教授のもとで研究していたのである。

こうしてペンシルヴェニア大学での研究生活が始まったが、悪化する対日感情も宣郎のまわりにはほとんどなく、彼は何の心配もなく研究に没頭することができた。ザイフリッツ教授が日本文化会館に招かれて講演した時、その前座として教授の紹介もかねて宣郎が短い話をした時に多額の謝礼をもらったことなどを彼はよくおぼえているが、熱心に研究に励む前途有望な青年学徒を側面から援助しようとする館長多門の気持ちが察せられる。前田一家との面識もこうして出来たようであるが、美恵子とは、浦口真左の帰国に際して、真左が宿泊していたコリンズ夫人が設けた午餐の席に共に招かれ、親しく語る機会を得た。三人の若い日本人学徒と、親日家コリンズ夫人の食卓を囲む姿は、まことに平和で友好的なものであった。その後、真左にかわって宣郎がコリンズ夫人宅の部屋を使わせてもらった。一九四一年、日米開戦後も、夫人は敵国人となった宣郎に対して少しも態度を変えず、より一層親身に保護した由である。

コリンズ夫人は新渡戸稲造夫人マリーの親友であったこと、新渡戸と前田家のつながり、美恵子の親友浦口真左と宣郎の出会い、さらには、ニューヨーク上陸後の出会いから、太平洋戦争開始後一九四二年交換船での帰国も共にした宣郎と多門のつながりなど、美恵子と宣郎の間には、実に多くのつながり、まさに縁があったのではなかろうか。

結婚への逡巡

こうして一九四二年八月に帰国した宣郎は、翌四三年四月から東大講師に任命され、粘菌の研究と共に植物細胞の原形質流動などの研究を始めた。アメリカで行った研究のデータは帰国時にすべて没収されており、日々空襲も激しくなり、遂には目白の自宅も戦災にあうなど、困難な状況下での研究生活であった。敗戦後、疎開先の韮崎から東京に戻った宣郎は、順天堂大学の空室となっている産院に起居して東大に通い、その後、東大に籍をおいたまま、徳川生物学研究所の兼任所員となり、研究をつづけた。

宣郎は、一九一三年七月生まれで、一九一四年一月生まれの美恵子とは同学年である。一九四六年一月、父の没後、親孝行の宣郎は、母と同居するため、順天堂大学での自炊生活にけりをつけ一戸をかまえるには結婚しなければならないと考えたようである。しかし、母は事情により、当分上京できなくなったので、結婚に対する精神的圧迫はなくなったが、三二歳となり、かつてのように研究以外の生活には無関心という状態は通りすぎていた。

そうした時に、前田家では、多くの男性が想いを寄せる長女美恵子の結婚相手として、宣郎を最適の男性と考えたのであった。美恵子は、過去にも同じような状況から結婚を考えたこともあったようだが、彼女は「魔よけ」のために結婚を考えることが決してよい結果をもたらさないことを十分知っていたし、また、相手に対しても申しわけないということから、宣郎との結婚話をすぐに積極的にすすめようとはしなかった。しかし、宣郎の学究的で誠実な人柄は十分承知していたし、科学者であることや、外国生活の体験も豊富であることなど、客観的な条件はよく釣合っていたので、配偶者として考えてもよいのではないかという思いもあった。

彼女が積極的になれなかった今一つの理由、そしてこれこそが実は、彼女の躊躇の大きな理由と思えるのだが、それは親友浦口真左に対する一種の申しわけなさのような気持ちがあったからではなかろうか。真左はペンシルヴェニア大学に宣郎が到着した時から、同じ師のもとで学んでいた日本人留学生として、宣郎を援助した友人であり、美恵子はむしろ真左を通して宣郎と知りあったといえる。自分が結婚を考えると同じく、同年の真左も結婚を考えない筈はない。しかも、真左の研究分野は宣郎のそれにより近い。ペンシルヴェニア大学の同じ研究室で研究している二人はやがて結婚することになるのではないか、そうなればいいなと、かつて自分は考えていたではないか。宣郎にとって、真左の方がよりふさわしい相手かもしれない。次々とうかぶ考えに、美恵子の気持ちは揺れた。その上、仕事と家庭との両立の困難さは、現在とは比すべくもないほど大きかった。どちらでもいい加減にできない自分を知る故に、結婚に対する逡巡の気持ちがふっ切れないのだった。

ぐずぐずしている美恵子を見て、実行力のある母は、宣郎の意向を聞くために、直接彼のところへ出向いた。そして、宣郎から「交際させて頂ければ光栄に存じます」という返事を得て意気揚々と帰宅した。数日後に美恵子は、自分の夫になるかもしれない人という、今までとはちがった気持ちをもって宣郎に会いに行く。お互いに三〇歳を越えた落ちつきと、科学者としての冷静さ、また是が非でもこの結婚を成立させたいというようなはやる気持ちのなさなどから、「至極淡々と客観的にお互いの過去、精神的遍歴、相互の家庭のこと、結婚に対する意見、仕事の計画など」を話しあい、お互いに相手に対する尊敬の念と好意を持ち、友人というよりは同僚として交際を続けようということになった。

無二の親友真左に、たとえまだ結婚するかどうかきめたわけではなくても、そういう可能性をもって宣郎と交際することを伝えることなしに、この交際をすすめるべきではないというつきつめた思いから、美恵子は、宣郎に会いに行った翌日に真左あてに次のように書いた。

浦口真左への手紙

「(大学の植物教室の宣郎の部屋で、彼の沸かした紅茶や、ふかした芋を食べながら話しあったことを記した後) あなたはこれをどんな気持でお読みでしょう。もし少しでも、つらいお気持がなさったら悲しい。でもあなたはきっといつもの淡々とした、そして暖かい心で御理解下さり、御意見と御助言をきかして下さると思います。あなたの方が神谷さんをよく御存知なのです。神谷さんに関する私の知識の大部分は今まであなたを通して得たものでした。だから誰よりも先ずあなたの御考が伺い度いのです。どうぞお教え下さい。」

この手紙に対して真左は、このことを心から喜び、「大賛成」であること、つらいとか淋しいとかいう気持ちは皆無であり、宣郎が美恵子にとって最適の相手であることを確信するので、なるべく早く結婚するようにと返事を出している。宣郎の静けさ、平和な生活への願いを、美恵子の中に燃えさかっている学問的、芸術的欲望の火がぶちこわしてしまうのではないかという美恵子の心配に対しても、真左は二人の性格の対蹠的な部分が互いに補いあえる利点を述べ、宣郎は美恵子のような、「生命力のあふれているような何時も自分の裡《うち》に火花を散らしてもえているような所のある女の人を妻にもっても、それでかき乱されないばかりでなく、それがより健全に燃えることを助け、内から湧くものをあふれさせること」ができ、そういう「女の人を妻にして、妻をも育て、そうすることによって自分をも育てて行ける」珍しい人であると書き送っている。

婚約の報告

二人の交際は、こうして周囲の人々が暖かく見まもる中で深まっていく。宣郎は、自分が美恵子に値するとは思わないが、美恵子が結婚をしようと考えるなら、美恵子の仕事に対する熱情故に、重荷を負うようなことになってもそれを「天命」と考えて無条件に受け入れ、恩恵としてこの結婚を考えると伝えた。そして、美恵子が幸福になれなければ自分も幸福にはなれないのだから、美恵子がこの結婚を幸せと感じたならば結婚しようというのであった。こうした宣郎の謙虚さと、思いやりの深さに美恵子は心を打たれた。美恵子もまた、自分が宣郎に値しない人間であると思い、自分の内にある学問的、芸術的欲望――美恵子はそれを自分の裡なる鬼と呼んだ――によって、彼を不幸にすることはないかと不安に感じ、自分は結婚する資格がないのではないかと思い惑うのだった。

そうした美恵子にあてて、真左は次のように書き送る。

「お手紙にあらわれている、あなたが神谷さんに対してもっておられるまじりけのない謙虚さ、これは一方だけでなく、お二人がお互いに相手に対してもっていらっしゃる謙虚さと相手を尊ぶ気持、それに信頼してよいのではないかと思います。相手の人の裡にあるものを、充分に尊敬しつづけていることが出来れば、家庭をぶちこわすことなしに、自分の裡の鬼共を適当に手なずけながら、それぞれを育てて行くことも可能なのではないかと思うのです。」

美恵子が宣郎に惹かれた大きな理由の一つに、宣郎の宗教的な人柄がある。クリスチャンの両親に育てられ、キリスト教伝道者の叔父の指導を受けた美恵子は、生涯を通して、人間を超える存在の前に謙虚に頭を垂れ、有限な人間として、神に導かれるままに歩み、神の恵みを感謝して生きる人であった。彼女が宗教についてどういう考えを持っていたかは後述するが、ここでは彼女が宗教を重視し、尊重していたことだけを述べたい。そうした彼女にとって、宣郎が仏教的な環境の下に育ち、若い時、病気療養中に、静かな海辺で神秘的な安らぎと喜びの体験をし、人間を超えた存在により、自分が生かされていると感じていることを知ったのは、大きな喜びであった。

美恵子は、宣郎との婚約を次のように真左に報告している。

「今度の決定は、ふしぎなくらい純粋な宗教的なおごそかな感じに包まれていました。〝ただ天与の恩恵と考えよう〟と宣郎さんは言いました。人間の頭でいろいろ考えれば心配の種も際限もないけれども、すべてあたえられた恩恵と言う角度から見て行けば、ただ感謝する他なく、またこの大きな冒険へも安心して乗り出すことが出来る、と話し合いました。（……）だからもう互いに、済まないというような事は言ってもきりがないからやめよう、と言うことになりました。性格的には対蹠的でありながら、宗教的な Grundstimmung（根本的情感）に於て極めて共通なものを持つ私達は、そこに全生活の根底を置いて行きたいと思います。こういう変態的な時代であり、私という極めて異常な人間が配偶者の一人であるのですから私達の結婚生活というものはどういう型になろうという訳にも行かず、かかる変則な条件のもとに如何に最もよく生きるか、ということを絶えず一つの課題として探求して行く他ないでしょう。ただ如何なる場合にも私達の生活が単に相互の幸福ではなく、少しでもそれを超えたより高い目的に向かっているものでありたいと話し合っております。」

宣郎は、自分の母を喜ばせてほしい、と強く望んだ。美恵子はあまり家庭的ではないのではないかと、宣郎の母が心配していると知った美恵子は、日本的なお茶やお花をならおうと思ったり、素直に宣郎の望みをかなえるべく努力しようと考えている。そして、姑を愛し、同居する機会はなかったが、従順に姑に仕え、姑を喜ばせるための努力は終生かわらなかった。一九七一年に朝日新聞社から出版された著書『人間をみつめて』は、その直前に死去した姑にささげられている。

宣郎への愛

宣郎の愛を美恵子は春の慈雨のように感じ、自分がそれによってぐんぐん成長させられていると感じた。また、自分がまるで一〇代の乙女のような気持ちで彼を恋い慕っていることに気づいて驚いたりしている。婚約中の彼女の日記は、彼らの愛の深さ、純粋さをあますことなく語っている。
「男と女の愛というもののふしぎさ。全く未知の世界にさまよい出てただただ驚き、恥じ入り(自分に対して)、そしてしびれるような喜悦に身をおののかせている。男の人の愛に対してもう拒まなくてもいい、自分に対してもさからわなくてもいい、と言うことは何という夢のような事だろう。宣郎さんの科学者らしい素直な考え方感じ方がこういう時私にとって何というい助けである事だろう。彼は人に対しても自分に対しても少しもてらう事をしない。そしてこのように馬鹿な状態になっている事をいい事だ、と堂々と主張する。一週間も逢わずにいて平気なようじゃや、今からこんな風じゃ先が思いやられますよ、と言う。

あゝ、彼を私はどんなに愛し尊敬する事だろう。心身の全部を以て彼を愛するたのしさ。私はどんなにしても彼を幸せにしなくてはならない。

(……)昨夕、私たちは夕闇の中に静かにいこう田畑の真中に立っていた。大自然のふところに抱かれたる男と女。私たちは、長い間の自然との闘争の後今、初めて神と人の許しを得、自分達の全存在の肯定を得てここに〝素直に自然に従える〟自由のよろこびを語りあった。何たる解放であろう。そうして何たる平安。あらゆる人――殊に異性に対してこの自由と自然さの恢復。そうして何よりも自己に対してのこの素直さの恢復。」

新婚旅行は軽井沢の山荘ときめて、結婚式の四〇日位前にその準備のために美恵子は軽井沢を訪れる。処女としての自分に、静寂の中でゆっくり別れを告げたいと考えていたが、彼女は家の中の片付けや掃除、食物の事など大部分の時間を、宣郎と二人で訪れる日のことを考えて費やしてしまうのである。家庭に入ったら文化的な仕事は何も産み出せないのではないかとおそれるほど、宣郎を想い、新婚旅行の準備をしている自分に対して、美恵子は「私は私の孤独と悩みの数々を持ったまま彼の許へ行こう、彼によって人生にしっかり根をはろう。そう、土にかえる前のひとときを」と語りかけている。

しかし、彼女はあまりにも結婚にのめりこむ自分を見て、自己の個性や創造力までなくしてしまうのではないかと恐れた。彼女は、結婚する以上は夫や子供に奉仕するのが妻のつとめであり、特に子孫のためには義務と責任があると痛感していた。生命力の氾濫する自分には制約がいること、そしてその制約を宣郎がしてくれ、彼との結婚が混沌とした彼女に秩序と統一を与えてくれると信じて、素直に、大きな恩恵と確信する結婚にふみ切ろうとする美恵子の姿を、現代の女性たちはどう見るであろうか。

前田家も、神谷家も米軍の空襲により、敗戦の数ヵ月前に焼け出されていて、家財も住むところも失っていたので、新居を見つけるのにも大変な苦労をし、やっと結婚式の三日前に、水の一切使えない四畳半の一室が見つかった。毎朝、水を汲みおきするための大きなバケツ二つと、少々の世帯道具、それに持てる限りの本をリュックにつめて、二人は新居に落ちついたのである。それは、軽井沢への新婚旅行後のことであった。小諸の高原学舎に住む浦口真左は、軽井沢を訪れ、新婚の二人に会い、二人の結婚がまことに自然で、結ばれるべくして結ばれたとの感を深くした。新しい夫婦の在り方を実験していくに違いないと、美恵子に書き送ったことがまちがっていなかったことを、彼女は確信したのであった。

家庭と仕事と

美恵子が東大の精神科の医局に入った時、内村祐之教授は、家庭と仕事の両立の問題をまず持ち出した。内村と美恵子のその時の問答を、彼女はくわしく日記に記している。

家庭への思い

内村は、国費で医局員を教育しているのだから、結婚してさっさと退職することは困る、しかし、精神科医として人生のことを理解するためには結婚をしなければならないが、家庭と両立ということは、まず不可能と考えなくてはならない、と述べる。返答に困った美恵子は、文筆によって仕事を続けたい、と答えたりしているが、家庭と仕事の問題は、現実に結婚生活を始めてみると、想像以上に大きい問題であることがわかった。

美恵子が結婚した一九四六年は、戦後の混乱期で、食物を得るためには、並んで配給を受けなければならなかったし、便利な電気製品があるわけでもなければ、衣類も手軽に買えず、子供のものは大人の衣類から手づくりせざるを得ないという時代であった。つくろいものから編物にいたるまで、美恵子は手早くこなした。

彼女は週に二回、火曜日と金曜日に休日をもらって、何とか仕事をつづけようとした。しかし、それも間もなく困難となった。新しい生命が美恵子の胎内にやどったのである。昼食と入浴という形の謝礼を条件に、中国大使の令嬢に英語・フランス語・ピアノを教えに行ったのは、その頃のことであった。

夫や子供を第一に、という彼女の考えは一生を通じて変わらなかった。敬愛する夫が研究に専念できる環境をととのえることは、彼女にとって最も重要なことであった。生活のために夫にアルバイトをさせるようなことは決してしたくないと考えていた彼女は、経済的な必要が生じた時には、いつも自分が語学教師などをすることで、その必要を満たすのだった。そればかりか、彼女は夫の論文をはじめ、夫の弟子たちの英文論文の添削を行い、折ある毎に訪れる夫の弟子やその家族を手料理や自家製のケーキ、クッキーなどでもてなしている。このように宣郎の弟子たちは家族ぐるみの交わりを許されていたが、美恵子は心から彼らを歓待した。弟子たちの妻は、「自分の仕事のために夫の世話が少しでも行き届かなくなることを絶対にしたくない」という美恵子の言葉をよく記憶している。

彼女は、女性が家庭を持った場合には、いろいろな時期があるのだから、何よりも粘りと弾力性を持ち、細く長く志を遂げていく工夫が必要と思う、と述べている。事実、彼女は子供が幼く、しかも重い病気にかかった時には、一時自分の仕事のために外に出ることも控えて、高価な薬を買うために家で語学を教え、家庭と子供をまもった。

彼女のこうした献身的とも思える家庭尊重の姿勢の根本は、夫宣郎に対する愛情と尊敬から出ていたものと思われる。彼女は決して、古い〝三従の教え（女は父、夫、息子に従え）〟を信奉するものではなく、自分の頭でものを考える自立した女性でありたいと願ったし、また女子学生を教育するに際してもそのことを強調した。彼女ほど思索の自由を束縛されることを嫌った人は少ないのではないかと思われるほど、美恵子は自分の頭を使って考え、借りものでない思考に基づいた言動を取ろうとしている。彼女の行為は、〝女は家庭に尽くすべし〟という長年にわたる男性優位の思考から生じたものではなく、自分で選びとった道であった。

男性への憤懣《ふんまん》

一九四五年六月の日記に美恵子は次のように書いている。

「父上や弟が家のことを何もしないで読書や談論にふけっていられること、生活のすべてを女たちに押しつけ、しかも女たちを怒りまわして好みのままの生活をもしていられること、に対して私は非常な憤まんを抱いているのに気が付く。男性は、生活と精神との対立を女ほど際立った形で体験しないで済むのだ。男は、人間らしい、自然な生活をしながら、〝精神〟に身をゆだねることもできるのだ。（……）私はフェミニストではない。むしろそういうことは大嫌いだ。しかもなお、反発的に父上や弟や〝殿方〟にこうした憤まんを感じてしまうのは、自分が、〝精神〟に生きねばならぬ自分が、生活の上で絶えず妨げられることを憤っているのだろう。(……)」

同年一二月の日記では、ヘイマンスの女性心理学を読み、男性的思考の最高の達成を科学とすれば、女性のそれは生活である、と書かれていたことについて、

「名言である。母上や優子姉上はこの意味で実に女らしい。そうして、私は残念ながら実に男じみた頭脳の持主だと言わねばならない。境遇の上でも素質の上でも、私は正常の人生から閉め出されているのをつくづく感ずる。(……)こういう研究室でひとりこつこつと仕事をしていると在るべきところで為すべきことをしている感じに充たされて、この上もなく安らかで幸せである。実に女としては畸形《きけい》な生き方であろうが、私としては、この他に道はなさそうに見える。(……)

あゝ、仕事がしたい!!」

と、述べている。

父を敬愛していたことでは、人後に落ちない美恵子であり、父に対する批判めいた言動は一般の家庭の娘に比べて非常に少ない。また、必要が生じた時は、父の手伝いをできる限りしている。前述の六月の日記は四〇〇〇字を越える長いもので、かなり憂鬱な気分のもとにあって書いたものであることを考慮に入れなければならない。しかし、彼女が家事に埋没してしまうことの決してできない女性であったことは、日記をはじめ、彼女の書き残したものから、また精神医学者として、教

師として、さらに文筆家としての業績から、十分に知ることができる。自分の専門とする仕事がしたい、裡に醸成されつつあるさまざまな事柄を書きたい、という願いは強く、寸暇を惜しんで、しかし家事の手抜きはせずに、自分の願いを実現する努力をつづけている。

宣郎や子供たちに対しては、憤懣という形はとらなかったが、それでも、宣郎が留守の時、子供たちも健康で彼女の手をあまり必要としない時、彼女はほっとして勉強に集中している。結婚直後、予期した以上に家事に忙殺され、自分の仕事に専心することの困難に遭遇した時、彼女は学問の世界に常住できぬことに涙した。夫には愚痴をこぼすどころか、健気にも自分が家の雑用を一切ひき受けて、夫には夜おそくまで研究室に留まって研究することをすすめている。自分ができない分、せめて彼には十分な研究をしてほしいと願ったのだった。しかし、彼女は自分の研究を放棄したのではなかった。内村祐之に対して、一生仕事はつづけると医局に入局を許可された時に答えたことを決して忘れなかった。結婚後一五年たった頃の日記に「Nは昨日上京した。二人は仲がいいのに――あるいは仲がいいからかえってそうなのか――彼と離れると私は時間的にはもちろん精神的にもほんとうにゆっくりとなる。そして自分の考えをよく考えられるような気がする」とあるし、また、親友真左への手紙には、宣郎の留守の間に、沢山勉強しようとか、勉強できたというような文言がところどころに見られるのである。

凡人ならば、他の人が研究をすすめていくのを見て、焦りをおぼえ、夫や子供に八つ当たりしたり、他人に愚痴をこぼしたりするのであろう。美恵子は、そんなひまがあれば読者や書きものなど、自分の仕事に集中した。

「お弁当づくり」

夫や子供のために心をこめて弁当を作ることも美恵子はつづけている。弁当づくりは狭心症の発作を起こすようになってからも一年以上つづけ、ようやく一九七三年五月二三日の日記に「明日からお弁当づくりをやめさせてもらうことにした。これでだいぶ時間と〝気〟が助かる」とある。この箇所を読んで、乳癌と闘いつつ四〇代で世を去ったジャーナリスト千葉敦子は非常に腹を立てて「こんなに苦しんで仕事をしている妻に弁当をつくらせ続けた夫を許せない。夫の方は結婚後、自分の研究を続け、何度も外国に出かけたりもしているのに、妻の方は大半を家事と、家計を助けるための教職に費しているのだ」と書いている。

もしも美恵子が生きていて、この言葉を目にしたら彼女は何というだろうか。「私の気持ちをわかってくれる」といって喜ぶとは、どうしても思えない。彼女は、心のこもった弁当を愛する夫や子供に持たせたかったにちがいない。病院に通いながらも、やめさせてもらった筈の弁当をまた作っているのである。大学紛争時、学生との団交で大学内に閉じ込められている宣郎に三食分の弁当をこしらえて届けたこともあった。美恵子は、宣郎が弁当を自分に作らせているとは考えなかったのではないだろうか。

結婚当初より、宣郎は美恵子が雑用に追われることのないようにと考えていた。美恵子の類いまれな才能は結婚前から熟知するところであった。父につづいて安倍能成が文部大臣になり、美恵子は文部省からのたっての願いで引きつづき「大臣の耳となり口となる」ことを引き受けさせられる。しかし、美恵子は自分の仕事にもどりたかったし、内村教授も文部省を辞めさせてもらうようにすすめたこともあって、辞職を願い出たところ、早速山崎文部次官が内村を訪れて、国家のために美恵子をもうしばらく借りたいと申し入れた。それに対して、内村は、国家のために美恵子に勉強させるべきだと答えている。この日、美恵子は宣郎を訪れ、この件を逐一報告した。宣郎は「『国家の美恵子さん』とは僕も思っている。これに対し自分はどういう態度をとるべきか、という事をいつも考えている。しかしまだよく分からない」と述べ、美恵子は、自分もよく分からないが、彼に根本的な理解があるということで十分なので、お互いの問題として考えていこう、と答えている。

宣郎の支え

宣郎はできる限り美恵子に勉強させようとしている。ジャーナリズムの世界に強引に引っ張り出されそうになる美恵子に対して、勉強とは直接関係のないあれこれに関与することをきびしくいましめてくれたのも彼であったし、彼女の書いたものには目を通してコメントし、さらに彼女の終生の希望、らいを病む人たちへの医療に従事するよう励まし、それを可能にしたのも、彼の支えがあったからこそであった。書きものに夢中になっている彼女の姿を見て、宣郎は「神々しい」と言うし、中高校生の子供たちが美恵子の論文の進捗状態を気にしてくれるのに対し、美恵子は心から感謝し、せめて自分が現実の世界に戻っている時は、恩返しや罪ほろぼしをしたいと考え、おいしい食事作りに励むのであった。

彼女とて人間である。自棄的な気持ちになったり、仕事に思う存分とりくめず、自分の内面にひそむ〝鬼〟があばれるのを自覚したりしている。しかし、そうした時いつも宣郎の愛情が彼女を救うのである。宣郎も後顧の憂いなく研究に没頭させてくれる妻への感謝を忘れることがなかった。後年、彼女が病いに伏すようになった頃、彼は「みみ（美恵子の愛称）のおかげで今日の僕はあると本当に思っているのだよ。どうか大事にして生きていてくれね」とやさしく語っている。それにこたえて、彼女も彼に迷惑をかけないように、少しでも彼の助けになるように健康を保ちたいと考える。彼が自分のために多くの苦労をしたと思い、彼への申しわけなさを感じると共に、深い感謝の念をおぼえるのであった。

美恵子が一九七五年、眠れぬままに病床で綴った美しい何篇かの詩のうち、夫にあててつくった詩を引用しよう。

のぶに

のぶよ　あなたはあまりにやさしい

病める妻をいとおしみて
赤児のごとく　いたわりたもう
私も今や赤児のごとくなって
何もかもあなたの手にすがる
でも　さむい夜など……
きつい　つとめを終えて
私の注文のかずかずをもって
私の注文のかずかずをとりにきて
何よりも　私の顔をみにきて下さる
ひとり　残される　あなたを思うと
一日でも　せめてたしかな　あたまで
生きながらえて　これから少しの日々でも
あなたの　道づれと　なるべく
努めたい　身をつつしみたい
私は　もうたくさん生きて
たくさん　この世のめぐみを　頂いて

そっと　去って行きたいとは思うけれど。

たしかにアルバイトもせず、研究に打ちこんだ宣郎ではあったが、家庭内の大工仕事を器用にこなしたり、子供たちを連れてピクニックに行ったり、島に出かける美恵子を見送りに出たり、病気になれば、おすしなどを買って帰ったり、妻の入院時には朝夕二回病院に見舞うなど、研究以外のことにも時間を割いている。晩年は、美恵子のところにかかって来る多くの電話に対してまず宣郎が出て、どうしても美恵子にとりつぐべき電話かどうかを判断した上で、美恵子の健康状態に応じてとりつぐというようなこともしていた。

このように夫婦が互いに相手を思いやり、協力して家庭を築き、しかも夫婦そろって研究者としての業績をあげるという、まさに、かつて浦口真左が期待したように新しい夫婦のあり方を実現したのである。

美恵子は還暦を迎える直前に、ひとの一生を精神医学的な視点からたどった『こころの旅』の執筆を依頼された。その中の「配偶者の選択」というところで、彼女は自分の体験してきたことに基づいた結婚観を披瀝しているが、夫婦は互いの存在のために多少とも自己放棄を必要とすると主張している。決して一方のみが身をけずる苦労をするのではない。過度の献身は相手の重荷になることもある、と美恵子は述べている。家庭も仕事も大切にした美恵子は、たしかに血のにじむような努力をしているが、その結婚を通して自他を深く知り、互いに許し合いながら謙虚に共に生きる幸せを得ているのである。

美恵子は、家庭と仕事の両立を自力で可能にしたとは、決して思わなかった。夫の愛情、忍耐、協力、身内や友人、知人など多くの人の援助、さらに、人間を超えた大いなる存在の導きにより与えられたものとして、自分の家庭、自分の仕事を感謝をもって受けとめている。その感謝の気持ちが、家庭を大切にすると同時に、他の人々とも広く開かれた関係を持つことを可能にし、結果的にすぐれた仕事を残す原動力となったのであろう。

長男の誕生

二人の息子、律と徹は、美恵子にとって文字通り宝として与えられた存在であった。律は一九四七年四月に八ヵ月の早産児として、徹は一九四九年のクリスマス・イヴに月満ちて生まれている。いわゆるベビー・ブーム期であった。愛に溢れた結婚生活を始めて、まだその生活をゆっくり味わう余裕もないうちに、早くも新しい生命が彼女の裡に育ち始めた時、彼女は積極的に収入を得、栄養豊かな食事をして出産に備えようと考えた。同時に精神的栄養も十分取ろうと読書をしている。早速、原書（ドイツ語）で幼児期心理学を読み、産科の本を研究したのはもちろんである。元来、最終的には、すべてを神のみ手にゆだねるという信仰に立つのではあるが、楽観的な考え方だけに身をゆだねることのできない美恵子は、出産に際して最悪の事態に処す

二人の子供と　1950年

る覚悟をせずにはいられない。同時に妊産婦の不安、愛の結晶をみごもる喜び、「体内で起こりつつある生理的な建設の営み」などを感じつつ出産の日を待った。

律は、予定より二ヵ月も早く、美恵子が「最悪にも処する覚悟をした」と日記に記した四日後に、一九〇〇グラムの未熟児としてこの世に生を享けた。彼の生まれる間ぎわまで美恵子は外部からたのまれる仕事に追われていて、出産の準備はととのっていなかった。ただ、水の出ない狭い四畳半から、戦災で焼けなかった家を持っていた年下の友人に、英語・仏語・独語を教えるという条件で、水の使える家の六畳を無料で使わせてもらえることになり、転居をすませていた。病院も十分には機能していないこの時期、無論、保育器で育てることなど不可能であり、身内はほとんど疎開していたので、美恵子は家主である友人とその姉、それに手伝いにとんで来てくれた末妹とし子たちの世話で、同様に育児の経験皆無の夫宣郎と共に、小さなしわだらけの赤ん坊が無事育つことを願って、夢中になって育児にとり組んだ。

食糧難の時代に、子供に十分な栄養を与え、一日も早く標準体重に到達するように育てたい、と美恵子は自転車で少し離れた農家まで山羊乳を買いに行ったり、また、母に電報を打って、戦後のわが国の窮状を救うためにアジア救済連盟から送られて来た物資――いわゆるララ物資――を扱う立場にいたクエーカーのローズ女史に、団体にしか分配しないというララ物資の中から粉乳をわけてもらうことを依頼した。幸いに、このミルクをわけてもらうことができ、律はすくすくと大きくなった。美恵子のありあわせのノートを用いた育児日記の表紙裏にはりつけられていたわが国男児の乳児体重曲線を記入したグラフ上では、満五ヵ月のところで標準体重に追いつき、その後はこれを追い越していくのである。

月満ちて生まれた子供でも育てるのに苦労した時代である。当時の乳児死亡率七六・七（千の出生に対して一年未満で何人死んだかを表す数、一九九三年では四・五）を考えれば、八ヵ月で生まれた未熟児をこのように順調に育てたということは、いかに美恵子の努力が大きかったかを示している。彼女は、あらゆることを育児ノートにつけた。授乳や食事、睡眠、入浴、排便はもとより、衣服の質や枚数にいたるまで、さらに育児に関するヒントや学んだこと、あるいは自分で工夫したこと、そして、日々変化していく子供の成長の様子を、詳細にわたって書きつづった。育児ノートは二冊に及んでいるが、これは次男を育てる時に大いに役立っている。

母親の生活時間とは無関係に、赤ん坊は泣き始めるし、おむつの洗濯は無限と思われるほど、母親の時間をうばっていく。美恵子は専門の自分の仕事はおろか、生活費をかせぐための時間をうみ出すことすら困難をおぼえるのであった。この頃の日記には、身体的な疲労に加えて、自分の仕事欲求をいかにしておさえるか、また、その欲求を、どのような形で少しでも満たすかということに苦慮する若い母親の姿が描かれている。

『自省録』の翻訳

美恵子は律の心身の発達を観察しながら、それに関連づけて児童心理の勉強をしている。彼女の観察は非常に細かいもので、視覚、聴覚、記憶、言語発達、他人への反応や行動の変遷などについての心理学的観察にとどまらず、乳児が自発的に歌い出す最初のメロディを楽譜でとらえようという試みもしているのである。

明けても暮れても育児に追われるといいながらも、美恵子は何とか一日に一時間でも二時間でも机に向かう努力をした。この時期に彼女がとり組んだ仕事は、彼女が若い日に、語りつくせないほど大きな恩を受け、終生一冊の本として座右に置いた書、マルクス＝アウレリウス＝アントニヌスの『自省録』の翻訳である。一語一語心をこめて翻訳の作業をつづけ、日曜日には赤ん坊の世話を夫に委ねて、横浜にある大倉山文化研究所の辞書類を利用させてもらい、特殊なギリシア語についての疑問を解明しながら、「ケベースの絵馬」を付録につけた一冊が一九四九年創元社の哲学叢書として出版された。

マルクス＝アウレリウス＝アントニヌス

子供への接し方

彼女の子育ては、彼女の書きものと同じく手抜きがない。自分でも「私は主婦としても、妻としても、母としても、なるべく完全でありたいのだから大変だ」と書いているが、まさにその言葉どおりであった。しかし、それはいわゆる教育ママの育児では決してなかった。子供の自ら成長する力を大切にし、その成長ぶりを観察し助けるというものである。子供の語る言葉に耳を傾け、一緒に遊び、本を読んでやり、花を植え、音楽を聞く。そして、何よりも彼女は子供たちを心から愛し、子供によって救われる思いに満たされることもいく度かあった。

しかし、子供をお手伝いさんに見てもらって、アテネーフランセやその他へ語学を教えに行ったり、関西に移ってからも神戸女学院で教えたり、大阪大学へ研究に通ったりする美恵子に対して、心ない人が子供を犠牲にして家庭外の活動をするという批難をした。また、遠まわしにいやみをいう人もあった。そうした言葉を馬耳東風と聞き流すほど、美恵子の神経はふとくなかったし、働く母親の数も現在と比較すれば当時は少なかった。美恵子自身、子供たちに何一つじっくりしたことをしてやれない悪い母親という思いもあった。

小学生の二人の子供を見つめて、美恵子は次のような詩を作り、日記に「大きな頭を細い首にのせた二人の子らの痛々しさ、そしてたのもしさ。ああどうかこの子らの成長を妨げず、少しでも助けることができるように」と記している。

ああわが子よ
まっすぐなひとみで
母に問いかけ
母を受け入れ
母に従う子らよ
お前たちのあまりにも細い体と首は
あまりにも重い大きな頭を戴いている
その頭の中に宿るものは
なんであろうか。
どんな成長と飛やくがその中にひそんでいるのだろうか。
それとも……
もうすぐお前たちは母を追い越し
はるか高きところから小さき母を
あわれみをもって見おろすだろう
その時にせめてお前たちの心に
うそをつかなかった母として

きざみつけられていたいものだ。
ああわが子よ
まっすぐなひとみで
母をみつめ、母に従う子らよ
お前たちの信頼の重みに
母はただただじろぐのみ。

子供に対する美恵子のこうした姿勢は、もともと彼女が、生命というものは大いなる存在から託されたものであり、人類全体が何かにはぐくまれ生かされている、したがって子供の生命も、親の所有物ではなくて大きな生命の流れから一時的に預かったものであると考えていたことによるのであろう。宣郎と二人でいつも子供のことを「授かりもの」「恩恵」と呼び、人間一個の重さ、尊さを痛感していたのである。彼らにとって子供たちが普通に育つことは、まことに奇跡的なことであり、それを恵みとして受け、感謝するほかはないと、美恵子は随所に記し、講演の中で語った。
子供たちが成績もよく、東大と京大でそれぞれ学び得る知能を持っていたことによるからかもしれないが、彼女の日記や随想の中にも、子供の成績のことは、ほとんど出てこない。よい成績を取り、いわゆる一流大学へ入れることを目ざすのではなく、子供が持てる力を十分活かせるように助けたいと考えていたようだ。しかし、世の平凡な母親同様、無事受験をのりこえていってほしいと願う気持ちは強く、そのために英語をみてやったり、できる限りの助力を惜しまない。そして、無事息子たちが大学生になって家を出て行った時、特に長男律が東大入学のため、一人上京した後は、取り散らかした彼の部屋に坐りこみ、さまざまな感慨にふけっている。

彼女の日記からの判断にすぎないが、彼女は、世の普通の母親と比べて決してひけをとらないほど、子供たちの勉強をよく見てやっているし、宿題を手伝ってやっている。夏休みの最後、八月三一日に、律の昆虫標本を手伝い、絵日記作製につきそう美恵子の姿は映像で見るように目に浮かぶ。また、宿題の詩を書く暇がなくなってベソをかいている中学一年の徹に代わって「雪の旅」という詩を作ってやっている。こうした代作をすることに、美恵子はあまり罪悪感を持たなかったようである。それは、彼女の気持ちの中に、子供に代わって作ってやってよい成績を取らせたいとか、先生をだますというようなことはなく、ただ困っている子供を一寸手助けしてやりたい、という意図しかなかったからではないだろうか。彼女は他人が切羽つまっているときに、ルールを多少とも踏みはずしてしまうことを自覚している。徹の代作もその一つであったのかもしれない。

次男の誕生と宣郎の単身赴任

美恵子は、母から「子供を育てるには死ぬほどの思いをしなければならない」とよく聞かされた。二人の子供を育てて美恵子はそのことを実感したにちがいない。子供たちは、よく熱を出したり、風邪をひいたりしただけではなく、死亡しても不思議ではない大病を患ったのである。

一九四八年暮には、宣郎の家の焼けあとに小さな家を建て、若いお手伝いさんを雇って移り住んだ。宣郎は、翌一九四九年には、大阪大学理学部教授に任ぜられ、関西に移らざるを得なくなったが、美恵子と律は東京にとどまった。宣郎には渡米して研究する話が出ていたし、美恵子には語学教師としての責任もあったであろう。さらに、美恵子が第二子を身ごもったこともあって、宣郎は単身赴任をしたと思われる。

一九四九年一二月二四日に次男徹は生まれた。宣郎が帰京してから生まれるようにという美恵子の夜毎の祈りがかなって、無理をして一六日に帰宅した宣郎に見まもられ、無事出産することができた。しかし、年があけて一月一四日の美恵子の床上げを見届けて、宣郎は一五日には大阪に戻り、やがてその年の八月末に、三歳四ヵ月の律と生後八ヵ月の徹を美恵子に託して、再度ペンシルヴェニア大学に招かれ、研究に従事することになった。東京で一人で子供たちを育て、語学を教えに出かけることは、当時の社会状勢のもとでは非常にきびしく、彼女はいつも宣郎の帰宅を待ちわび、彼との別居生活を一日も早く切りあげたいと考えていた。そうした彼女にとって、宣郎の渡米は、予想されていたこととはいえ、淋しく辛いことであった。「未亡人に比べたらまだ生やさしいのだろうが」と思って、淋しさに堪え、子供をまもり、家計のきりもりをする美恵子の姿は、健気というほかはない。

こうした生活上の苦労に加えて、彼女はできる限り勉強の時間を作ろうと努力した。これでは過労にならない方が不思議であるが、もともと頑健とはいえない美恵子は、冬になってとうとう流感で倒れ、四〇度もの熱を出して床に就いた。この時、彼女は語学教師をやめて、自分で子供の面倒をみていたため、派出婦を雇わざるを得なかった。五〇がらみの小母さんが二〇日間子供の世話と家事万端をしてくれた。ところが、この小母さんが重症の結核に罹患しており、子供たち二人に感染したのである。律はすでに肺門淋巴腺結核を発病していたが、この時点では徹はまだツベルクリン反応が自然陽転しているだけであった。医師であっても、身内の病気に対してはなかなか冷静に判断できないものであるが、美恵子は子供の病気に際してはかなりうろたえたらしい。妹たちは、姉が医師であるのに、心配のあまりおろおろする姿を何度か見ている。結核の死亡者は多く、一九五一年に第二位となったとはいえ、長く日本人の死因の第一位であったし、美恵子自身、結核で二度も療養した身であれば、子供たちの結核感染は、宣郎の留守中であったことも考えれば、たしかにおろおろするほどに不安なことであった。

転居と次男の結核発病

幸い、律の結核は大事にはいたらず、一九五一年の六月に宣郎が帰国し、一家は七月に関西に移住した。阪大の公舎のようにして使われていた阪急芦屋川駅にほど近い大きな家に一家は落ち着いたが、高級住宅地芦屋の物価は高く、美恵子は早速アルバイト探しを始める。恩師星野津田塾大学学長の紹介で、神戸女学院大学英文学科の非常勤講師に採用され、再び若いお手伝いさんに子供たちをみてもらいながら教え始めた。同時に無教会主義のキリスト教伝道者黒崎幸吉氏の設立した「愛真聖書学園」のフランス語教師もつとめた。こちらは夜学であったため、子供をおいて夜出かけることに不安を感じて、広い自宅の二階を愛真聖書学園の分校として認めてもらい、授業をつづけた。後にこの学園は経営困難となり解散したが、生徒たちの強い要望により、美恵子の個人塾のような形で、自宅でのフランス語教室はつづけられた。

一九五二年には、律は幼稚園に入園し、つづいて五三年には徹も幼稚園に通うことになった。その三月末に、律がはしかにかかる。熱も高く嘔吐がひどく苦しがるのを見て、美恵子は自分の血清を徹に注射することで、彼にはしかに対する免疫をつくろうとした。これは成功して、徹のはしかは軽くてすみ、四月末から二人はそろって幼稚園に通い始めた。ところが徹の咳がとれず、やせた状態がつづき、やがて発熱するようになる。徹はおそろしい粟粒《ぞくりゅう》結核にかかっていた。

牛乳はおろか、水さえも飲まなくなり、ぐったりと横たわっているやせこけた三歳半の徹の姿を前にして、もはや美恵子はおろおろしているわけにはいかなかった。経済的な理由から長期入院が無理とわかると大病院の小児科部長の指導を受けながら、自宅で当時結核の特効薬とされたストレプトマイシン、パス、ヒドラジドを用いながら療養させることにして、次はいかにしてこの薬を手に入れるかということに狂奔する。しかし、ストマイは当時まだ国産されていなかったため、一アンプル数千円という高値で、米軍放出の闇物資として売られていた。病む子をお手伝いさんにまかせて、語学を教えることにより、ストマイを買うお金を作り、夜になると夫に徹のお尻を押えてもらって筋肉注射をつづけた。

彼女のこの獅子奮迅の働きにより、徹は一一月の初めに全快を宣言される。しかも聴力に何ら障害を起こさなかったのは、幸運としかいいようがなかった（ストマイの副作用で聴力を失った人は多い）。「その好運の分だけ、私は人生に何かを負うているのだ」と美恵子は書いている。

大学紛争の中で

二人の息子が大学に在学した頃は、ちょうど日本全国で大学紛争が吹き荒れていた時代であった。多くの大学で機動隊が導入され、学生たちが逮捕されたり傷ついたりした。二人の学ぶ東大、京大とて例外ではなかったし、夫の勤務する大阪大学でも学生たちは激しく教員をつきあげた。美恵子は、若い学生たちが現状に満足せず、理想を追いもとめて、危険をおかすことを、青年の特徴として容認しながらも、息子たちのことを思うと心配でならなかった。特に、長男律は、母の「思想的弱さ」を弾劾する手紙を送ったり、闘争にも加わっていたので、身体の調子が悪かったり、疲労が重なって抑鬱的な気分におちこんだりした時には、律が遠くに行ってしまったような気がして、「子供の教育にも失敗した」ように感じるのだった。

美恵子はどちらかといえば派手に動きまわるよりは思索するタイプの人である。学生運動に関しても、「学生運動に背をむける学生が、必ずしも無気力や利己主義というわけでもない。（……）彼らの中には、何を目標に生きるべきか、使命感とは何か、社会のために自分は何をなしうるか、などについて思いつめ、自己に問うている青年も少なからずいた。私はむしろ、この人たちの未来に期待したい気がする。戦いは外へ向けられる前に、まず内へ向けられるべきではなかろうか。強じんな、内容ゆたかな精神を養うこと。これは青年期の特徴であり義務でもあると思う」と、一九六八年七月二一日付の朝日新聞大阪版の夕刊紙上で述べている。また、同じ記事の中で、こうした状況におかれている若い機動隊員たちの中で大いに悩んでいる人たちのあることにふれている。その悩みを理解し、同じ年頃の若者たちが互いに暴力をもって対抗しなければならないようにしているのは誰の責任か、と問うている。こうした考え方に対しても律は反発したのであろう。しかし、律は両親を弾劾し、過激に活動して足れりとしたわけではない。彼は彼なりに闘争を通して自分の生き方を模索していたのだ。

彼は、一九六九年に入って、長い手紙を母に三通連続して出しており、その中で自分は「闘争内でも異端者」と書き、詩を二つ書きうつしたりしている。普段はおどろくほど早く書きあげる手紙だが、この時美恵子は書いては破りして、朝書き始めた律あての三枚の手紙を一時中断して、再び夜ペンを執り、計三時間もかけて書いた。何とかして二人の関係を深いところで保ちつづけたいという必死の母親の姿勢がうかがわれる。その気持ちが通じたのか、律は母の手紙を読んでおよそ二週間後に芦屋の家にもどり、再び帰京する時は、母と一緒に大阪に出ている。京都にいる徹も時々家に帰っていたようである。多くの家庭で親子の断絶があったこの時期、神谷家でも子供たちは反抗の姿勢を示したが、それは学問的にはるかに先を行く両親を越えて成長するために子供たちが越えなければならぬ一つの過程であったのかもしれない。

子供との心の交流

両親とも自分たちの意見を押しつけるようなことはなかったし、何とかして子供たちの気持ちを理解しようとしていることは、子供たちにも理解できた。子供たちに迎合することはなかったが、子供たちを愛し、特に母親は自分のしたい仕事もある程度抑えて子供たちを育て、家庭の雑事にも従事してきたことを、子供たちも肌で感じていたのではなかろうか。次男徹が母の死後一〇年以上たってから、出身校である甲陽学院の同窓会誌にたのまれて書いた一文を読むと、彼は母に叱られたり、しつけられたりした記憶は持たないが、母の価値観を敏感に察知していたことがわかる。彼女は成績や他人の評価よりも、自分が本当にしたいことを見つけること、内面を豊かにすることを重視していた。徹は、母の音楽好きを受けつぎ、理学部出身であるが、卒業後音楽の道に入り、現在音楽家として活躍している。

美恵子の心臓の状態が悪化してきたのが徹の卒業と重なったこともあって、徹が卒業後すぐに結婚、しかも音楽を専門とすると決めたことによる心労がその引き金になったと考えている人もあるようだが、彼女自身はそれほどショックを受けたとは思えない。彼女の語ったところによると、宣郎の方が相当のショックを受けた由である。専門は異なるとはいえ、自分と同じ理学部を出た息子が、直接的には大学で学んだことと全く無関係な分野に進み、しかも二二歳という若さで結婚するということが、大学卒業後も学問一筋に歩んだ宣郎にとって、いささか理解に苦しむことであったのかもしれない。美恵子は、かつて自分が医学部に進み、らいを専門としたいと語った時、猛反対した父と、表面的には父と同意見であったが、心の奥深いところでは自分の気持ちをわかってくれていたふしのある母のことを思い出したに違いない。しかも、息子は美恵子自身がこよなく愛する音楽の道に進むという。徹の音楽好きを自分のせいと、彼女が語ったのを耳にしたことがあるが、美恵子は心のどこかでは、本人の望む方向に進ませてもよいと考えていたのではないかと思われる。徹もまた、美恵子のそうした気持ちを直観的に察知していたのかもしれない。自分の進路をクラスメイトとは少々異なった方向に定めるに際しても、あまり悲壮にもならず、また常識的な価値判断に苦しめられることもなく、選びとっていったのではないだろうか。

あんなにすばらしい人が自分の母だったらどんなによいだろう、というような気持ちを多くの人が抱いているとしても、子供たちにとっては、まさに「お母ちゃん」であり、世間の母親と何ら変わる存在ではない。著名人を母に持つことは、むしろ子供たちにとって重荷となることもある。美恵子はそのことをよく知っていて、子供たちにとってはよい「お母ちゃん」であるようにつとめていたことが日記の随所に見られる。手づくりの料理と手づくりの衣類を子供たちに与えるために消費する時間を惜しむ言葉も、同時に日記には記されているが美恵子は決していやいやそれらをしていたのではなく、心から喜びをもってしていたのである。

彼女の子育ては理想的に見える。しかし、彼女はそれを他の女性にも押しつけようとはしていない。それぞれの女性が、それぞれ自分の条件の中で、託された大切な子供の生命をひろやかな愛の中でいつくしみ育てていってほしいと願っているだけと思われる。

文筆家として

医学と文学の相克

美恵子は、しばしば、自分のうちに何匹かの鬼が住んでいるから大変だ、というようなことを言っているが、特にきわだったものは、医師としての仕事をつづけたいという欲求と、詩や文章を書きたいという欲求であった。内側からふつふつと湧き起こるこの欲求は、デーモンと呼ぶにふさわしく、彼女を駆りたてる魔性の力を持っていた。文学に精魂を打ち込んで、医学はその合間に実地的奉仕として実践することが自分にはふさわしいのではないか、いや、やはり二兎を追うことは許されないのではないか。精神科を選んだために、文学と仕事の両方で、「人間の魂」を対象とすることになり、芸術対学問の対立に非常にはっきりした形で迫られることに彼女は苦しんだ。

しかし、彼女はその両方とも捨てることはできなかった。きびしい戦時下でも、次から次へと読書し、専門の勉強をし、そして書いた。書くことは「呼吸」することであった。結婚後、医師としての仕事を十分にできなかった時、書くことができたことは——書く時間が十分にないことをしばしば彼女は嘆いているが——どんなに彼女の精神にとって救いとなったことであろうか。すべてが中途半端にしかできないと、涙をこぼす日もあった。そうした困難な状況を忍耐強く切りぬけさせたのは、彼女の信仰といえるであろう。素直に運命に従い、許される範囲で努力していこう、神様がそれを許して下さるなら、必ず道が拓かれると自分に言いきかせながら、彼女はくずおれそうになる自分を支えた。

書きたい事柄が彼女の心の中にひしめきあっていたし、また、そのいくつかは、すでに学生時代に部分的に原稿にまとめられていた。彼女は、これらを「私の胎児たち」と呼んでいたが、胎児たちのうち生まれ出たものも、長年彼女は手許においていく度も推敲を重ねていた。彼女の日記や、胎児の存在を明かしていた浦口真左への手紙には、しばしばこれらの原稿についてふれられているが、これらが公けに姿を見せるのは、彼女の死後のことである。著作集第九巻「遍歴」におさめられている、「スイスものがたり」と「ペンドル・ヒル学寮の話」はその代表的なもので、戦争中に書き始められたものである。「遍歴」の原稿が最終的に出版社に送られたのは一九七九年一〇月一五日、彼女の死の一週間前であった。

翻訳家としての美恵子

彼女の名前が、本屋の店頭で見られたのはまず翻訳者としてであった。すでに述べたマルクス＝アウレリウスの『自省録』をはじめ、ジルボーグの『医学的心理学史』、ミシェル＝フーコーの『臨床医学の誕生』、『精神疾患と心理学』、ヴァジニア＝ウルフの『ある作家の日記』など難解な書物の翻訳から、諸雑誌に掲載された詩、論文、物語などの翻訳、さらに出版されなかったものまでも含めれば相当な量にのぼる。彼女にとって、翻訳は自分の著作よりもはるかに楽な仕事であった。病気の回復期には、翻訳がリハビリになるとさえ言っている。

しかし、それを可能にしたのは、彼女の並はずれた語学力と深い教養による。ジルボーグの著書は膨大なものであり、しかも彼は、フランス語・ドイツ語・ラテン語、それにギリシア語までひんぱんに駆使しているので、アメリカでこの書物に出会い、邦訳の必要性を感じた三浦岱栄教授も、単独でこの書物の翻訳ができる人はいないのではないかと考えた。その時三浦教授の脳裡に美恵子の顔が浮かんだ。「（……）（神谷）夫人は単に精神科医であるのみでなく、かねてから精神医学の歴史について特に興味をよせておられ、私もその関係でお知り合いになったのであるが、その外、古典文学も修めておられたし、語学も英仏独はいうに及ばず、ラテン語、ギリシア語にも堪能であられると承っていたので、まさに最適任であると思いついた。私は直ちに原本をアメリカから神谷夫人に直送し、協力をお願いした。夫人は最初謙遜して躊躇されたが、時間がかかっても

ミシェル＝フーコー

よいならばという条件づきで承諾されたのである」と『医学的心理学史』の「序」に三浦教授は書いている。美恵子が三浦教授の期待を裏切らなかったことは、なだいなだの「ジルボーグ『医学的心理学史』の名訳者としての神谷さん」の一文を読めば明らかであるし、一九七二年に第四刷が出た際には、古い文献の原文リプリントが出始めたこともあって、ジルボーグ自身の誤訳すら発見して訂正を加えている。

フーコーに関心を抱いたのは、学者や医者が外側から精神病者をみて、精神病に関する知識を体系づけてきた今までの精神医学史とは異なって、フーコーが精神病者自身がたどって来た歴史を記し、精神病者の人権重視を基盤にして、なぜ彼らがそういう歴史を辿らねばならなかったかを明らかにしようとしていることに惹かれたからであろう。フーコーには、兄陽一の紹介でパリで出会い、一九七〇年彼がフランス政府の文化使節として来日した折、京都での講演の通訳をつとめている。

若い頃からいろいろな翻訳をしてきた美恵子だが、翻訳よりも自分のものを書きたい、という気持ちが強かったのは、むしろ若い時であったように思える。日記にも、「もうほん訳なるものから、よほどの必要あるいは意義を感ぜざる限り、一切手をひきたい」と一九四二年一一月三日に記している。しかし、自分の書きものがいろいろ世に出るようになってからは、翻訳の重要性もよく認識して、積極的に翻訳の仕事もこなしている。

『生きがいについて』の刊行

彼女の文筆家としての地位を不動なものとし、しかも彼女をして、「私の残すものは、これ一冊でよいと思う」と言わしめた著書は、一九六六年に出版された『生きがいについて』である。彼女が愛生園で精神医学的調査を行った時、在園患者のうち半数近くの人が、将来に何の希望も持たず、いわば生きがいを失った状況にある中で、少数の者は、実に活き活きと充実感に溢れた生き方をしていた。らいを病み、一般社会から隔離された島に住み、生活は保障されているとはいうものの、労働から受ける報酬は少なく、退園して社会復帰する望みも少ない状況のもとで、なお、健康に一般社会に生きる人よりも、もっと強い生きがい感を持って生きている人たちと出会って、幼い頃から生きる意味を問いつづけ、考えつづけて、自分なりに一応の答を与えられたと考えていた美恵子も、ある衝撃を受けた。その時彼女は、人間に生きがいを感じさせるものについて明らかにし、少しでも多くの人が生きがいをもって生きることができるように寄与することを、自分への課題として受けとめたのである。

一九五九年一月に調査結果をまとめ終え、学位論文として提出した美恵子は、一九六〇年に医学博士の学位を大阪大学から受けた。一段落した彼女は、五九年一二月より、心に温めて来た『生きがいについて』をいよいよ書き始める。日本語にしかない「生きがい」という言葉の考察から始まり、人間がよろこびをもって活き活きと生きることができるのは、意識するしないにかかわらず、何らかの生きがいが与えられているからであると述べる。古今東西の作家、哲学者、思想家、宗教家、医者や心理学者に加えて、ごく平凡な名もなき庶民から病人、死刑囚にいたるまで、多くの人々の書き残した事柄を引用し、参考にしながら、彼女はあらゆる角度から生きがいを分析し、その内容を問い、さらに生きがいの喪失と発見について、くわしく自分の考えを披瀝している。

彼女にとって、生きがいとは何らかの精神的なものが関与した事柄である。全く物質的と思われる生きがい、利己的な生きがい、この世の栄誉名声をひたすら追い求めることに生きがいを見出すこと、さらには憎悪、復讐など、破壊的な情熱を生きがいとする場合もあるということを認めてはいるが、それらについてはあまりくわしく論じられてはいない。そうしたことを生きがいにして、人は本当に幸せに生きられるのだろうか、否、そうしたことは真に人を生かす生きがいとはなり得ない、と彼女は考えていたのであろう。

このような精神的な要因の重要視は、彼女の他の著書にも一貫して流れる基調といえるものではなかろうか。それは決して心とからだを二分し、精神的なものを身体的なものの上位におくとか、知性を重視するとかいうものではなく、人間が真に人間らしく生きるための必然のようなものであり、何かのためというような目的を持つものではなく、無償で、素朴に生きることに喜びを感じる心、自分ひとりにむかうけれども、そこを基点に自分の外側の世界と深いところで共生していける力を与えるものといえると思う。自分の書きものを通して、彼女はそうしたことが伝えたかったものと思われる。

彼女は、生きがいの前提となるものとして、人間としてこの世に生を享けたことに対する感謝の念をとりあげた。感謝の心、恩を知る心が生きがい感の基盤である、と考えている。そうした美恵子に対して、「要するに生きがいとは、自分の才能を伸ばし、自分の好きな道を行くことなのですね」と問いかけた人があった。彼女は自分の述べたことが、かくも自分の意図に反して受けとめられたことに驚かずにはいられなかった。彼女の念頭には、自分の好きな道を歩むことを許されず、失意落胆の中にありながらなお生きがいを見つけて生きている人々のあることを知って、その理由を明らかにすることしかなかったからである。

しかし、彼女は人を説得するつもりで文章を書くことはしていない。自分の思想を自分の言葉で語りたいという願いにつき動かされて、彼女はペンを執っている。しかも、資料を徹底的に調べ、書いたものは十分に推敲している。『生きがいについて』は、実際に活字になったものの倍の分量があった。夫の宣郎と、親友の浦口真左、それに、一九六二年に没した父も、美恵子のもとの原稿を読み、感想を述べ、執筆を励ましている。彼らの意見を参考にして、彼女は原稿を削った。

執筆の姿勢

若い時から関心を持ち、研究をつづけていたヴァジニア＝ウルフの病跡について、膨大な下書きを残したまま、遂に成書とすることなく世を去ったのも、徹底的に資料を調べようとする彼女のものを書く時の姿勢による。ウルフの夫、レナドをイギリスに訪問して話を聞くほど、丁寧に調べていたのだが、美恵子が心臓や脳の一過性の虚血性発作を起こすようになってから、続々と資料が出版され始めた上、ウルフの日記の未発表部分の刊行が編集作業に手間どって、彼女の死後に及んだからである。一九七七年に刊行が始まったこの日記は、五巻のうち二巻が美恵子の生前に出版されている。一九七八年秋、刊行の遅れをしらせる手紙を受け取った時、美恵子は「間にあわない」と絶望の声をあげたとのことだが、残念ながらそれが事実となった。彼女は「日記を全部読んでからでないと病跡は書けない、というとらわれ」から抜け出し、「今までわかったことだけをもとにして本を書きあげ、もし幸いにして日記完結の日にめぐり会えたら、その時はその時で、本の修正、補筆をすればよい、という心境におちついた」と記しながらも、やはり何とかして全部の日記を読んでから書き上げたいと思って、依頼されていた他の原稿を先に書き、ウルフの病跡は下書きのまま終わった。しかし、ウルフについて彼女が書き残したものは、すでに発表されていたものと共に、一部出版されている（著作集4、「ヴァジニア・ウルフ研究」）。

彼女の著作は、随筆から専門的な論文にいたるまで、美しいわかりやすい文章で記されている。一つの著作の背景には、それぞれにつけられた文献一覧を見ればわかるように、膨大な読書と研鑽《けんさん》があるが、彼女は自分の博識をひけらかしたり、難解な学術用語を散りばめ、自分の論文に箔をつけようとは決してしなかった。控え目な彼女は、大言壮語を嫌い、自分の文章で傷つく人がないようにという心くばりを忘れることがなかった。死のおよそ一週間前、朝日新聞の朝刊の「ひと、本に会う」というコラムに「死をみつめて心の支え」と題して一文を寄せているが、その最後に「終わりに、視力を失った方や病苦の烈しい方に対してこの拙文の失礼をおわびしたい」と記している。これが美恵子の幼い頃からの態度であり、晩年ますますその心くばりが深く広くなった。自伝「遍歴」でも、自分の好運を記しながら「何か成功物語でも書いているなら、私は原稿を破りたい。数々のミスにもかかわらず、多くの人の助けで『運』に恵まれたのだ」と書かずにはいられないのである。

彼女の著書に慰められ、励まされ、教えられた人は多い。『生きがいについて』は、一九六六年五月にみすず書房から出版され、三ヵ月もたたぬうちに第四刷まで行き、感動を記した読書カードが次々と美恵子のところへ到着した。彼女自身は、できるだけ客観的に冷静に書くことに努めたためか、書評の中には「冷静」とか「感動しない」ようなことを書いたものもあったらしい。しかし、書評はおおむね好意的で一読をすすめており、読者たちは素直に、冷静な言葉の背後にある人間の生きがいに関する美恵子の熱い想いに心を打たれたのであろう。彼女の著作にふれて、先にも述べたように彼女の学んだ津田塾大学で学びたいと考える学生や、ペンドルーヒル学寮に留学した人もあれば、夫の転勤で外地に住むことになった時、著作集全巻を携行した人もある。病気見舞や、若い人々へのプレゼントに美恵子の著書を用いる人もいる。また、さまざまな研究会やセミナーなどの参考図書に指定されたり、大学や高校で課題図書として用いられることも多い。

晩年になるに従って、健康を害したこともあって、彼女の仕事の中心は書くことに移っている。文筆家としての彼女に傾倒する人は多いが、中には当然彼女の考えと波長の合わない人たちもある。

著書への批判

人間探求の書は、もっとどろどろしたものであるはずなのに、彼女のそれはあまりにも清潔すぎる、と朝日ジャーナルの記者は書いた。これは「人物点描」というシリーズの最初に彼女が取り上げられた時のものだが、彼女のずばぬけた才能、学童期や二〇歳代に外国で学ぶ機会を得たという恵まれた環境に加えて、彼女の強い克己心や努力、内省の深さ、宗教的な心性など何か普通人とはちがうという、ある種の偏見をもって美恵子を見ているように感じられてならない。記者は、いくらか揶揄《やゆ》するような口調で「思想的、創造的というより、教養的、開明的に昇華した、まれにみる美しい童女、か」と美恵子を紹介している。彼女をよく知る者たちは、この紹介文には到底同意できないであろう。

これといくらか関連があると思われる彼女の著書に対する今一つの批判は、「性」の取り扱い方である。性に関して美恵子が論じたものはあまり多くない。主婦の精神衛生調査を実施し、その結果に基づいて、「主婦の精神医学」と題して年代別、地域別に問題を整理して論じたものがある。その調査の中で、「性生活に不満を感じる」という項目に○印をつけた人の分析をしている。しかし、不満の内容については述べず、これらの人々は心身ともに不調を訴える症状が多く、夫との心のむすびつきが十分でないことが身体面の調和をもさまたげている、と結論づけている。性生活そのものに踏み込んでの論述は見当たらない。

著書『こころの旅』には、当然のことながら思春期のからだの変化、恋愛や結婚がとりあげられている。しかし、それらを読んでも、性のめざめや、からだの心に及ぼす影響というようなことについてふれられてはいるが、性の葛藤や、性的偏奇などについて、突っこんだ意見は述べられていない。しかし、そのことが彼女の著作の価値を減ずるものではないことは、多数の著名な精神医学者・文学者・宗教者・教師たちが、彼女の著書を推薦し、また、多くの人々によってそれらが読みつがれていることで証明されている。

某大学で国文学を講じるある男性教授が「美恵子の書いたものは、性の問題がぬけ落ちていて、自分などはついて行けない。あれでは片手落ちだ」と評したのを聞いて、彼が特異なのか、あるいは男性とはそのように感じるものなのかと、大変驚いたことをおぼえている。性に関する問題を扱わない限り、人間をトータルにとらえておらず、生きがいを論じても不十分という感想を抱く人がいるなど、筆者は想像したこともなかったからである。

性に関する態度

彼女は、有島武郎の『或る女』を読んで、「どうしてこういういやらしい題材をながながと書くに耐えたかと思った」と日記に記しているし、同じく有島の日記に、夫人逝去後の独り身の彼に多くの女性たちが慕い寄り求め寄ることが記されているのを見て、「胸がわるくなった」と書いている。それにつづけて彼女は、「自分自身こういう方で決して鈍感ではないくせに、どういうものかこういうことに接する毎に本能的に胸のわるくなるような反発を感じる」と書いている。また、そのおよそ一年半後の日記に宮沢賢治が性欲を克服して、自分の力を使命にそそぐ生き方をしたということを読んで、「自分もこの道を歩むことが許されたら！」と書いていることから、どちらかといえば、性欲というようなものにあまりわずらわされたくないという考えを持っていたと推察される。しかし、そうした本能や衝動を否定すべきものと考えていたわけではなく「その当然の存在を正視し、認めた上で対策を計るべきではないか」と考えていたのである。生物学的存在としての人間が、同時に「倫理的なるものを指導原理としたい」という心も本能的欲望の一つとして持っているので、この指導原理の下に肉体的本能を置けばよいとした。

自分自身、いろいろな意味で本能の強い人間であることを自覚し、しかもそのことを受容して生きようとしていたからであろうか、彼女からは全くといってよいほど、そうした本能の強さのようなものは感じられなかった。一体に彼女は、内側に強靱な精神力と、真・善・美に対する燃えるような情熱を持ちながらも、外部にそれを現すことは少なく、清楚、おだやかさ、やさしさ、奥床しさといった印象を人々に与えた。無理に自分をおさえているのではなく、自然に人格の奥からにじみ出るやわらかな暖かさ、清潔さを人々は感じたのである。

美恵子の生きた時代の影響もあったかもしれないが、彼女は若い人々が不用意に性的な関係を持つことに対して、特に女性はそのことから受ける影響が内分泌の面からも大きいので慎重であるべきと、精神衛生の授業で語っている。性を大切に考えていたことでは人後に落ちないが、その問題を真正面からとらえて論じるほどの関心を抱いていたとも思えない。

美恵子がヴァジニア＝ウルフの結婚について記した次のような言葉がある。

「(……)二人（ヴァジニアと夫のレナド）は、少なくとも、初めのうちは心身ともの結合を目ざしたにせよ、間もなく子どもを持たない方針や、ウルフの不感症や同性愛的傾向のため、この結婚を主として『精神の結合』にしたのであろう。この結合は年とともに親密になって行ったことが書簡や日記で明白である。筆者はこういう『精神的結婚』のみごとな例を身近に知っているので、(……)この事態をレナドひとりの責任とばかりは考えられない思いがする。」

こうした文章から推察すると、美恵子が結婚における性的な結合よりも精神的な結合を重視していたと評されたとしても仕方のないことかもしれない。著者の思想がどれだけ読者に伝わるか、またそれによりどれだけ読者に感銘を与えるかは、その著者の思想の深さ、普遍性に加えて著者の表現力なども関係するが、一方、読者側の人生観、価値観、世界観と、感受性、理解力なども大いに影響する。

神谷書庫

予想以上の売れ行き

『生きがいについて』の発売の三日後の五月一八日に、美恵子は永年大手銀行につとめていて当時産業カウンセラーのようなことをしている五九歳の未知の男性から分厚い感想の手紙を受けとった。彼は「この一冊の書物は自分一人のために書かれたように感じる」と感謝の言葉を記しているのであるが、美恵子は「たった一人の人にでも何かの参考になったのなら、この出版も無意味ではないと思って」励まされたと述べている。出版する以上は、出版社が損をしない程度に売れてくれればよいと思っていた美恵子の、自分の著書についての考え方がよく表れている言葉であろう。彼女の予想以上に著書は売れた。印税が入ると、彼女は、税金や資料費などの必要経費を手許に残して、寄付や資金を必要とする人に送金したようである。「好きなように人にお金をあげられるように、お金をかせぎたいなと昔思ったことがほんのちょっと実現したようでよろこんでいます」と親友真左に書き送っているが、文筆家として必要以上の収入を得ようとは全く考えていなかった美恵子の姿勢がうかがわれる。愛生園には、神谷書庫と名づけられている美恵子の寄付によって建てられた書庫がある。

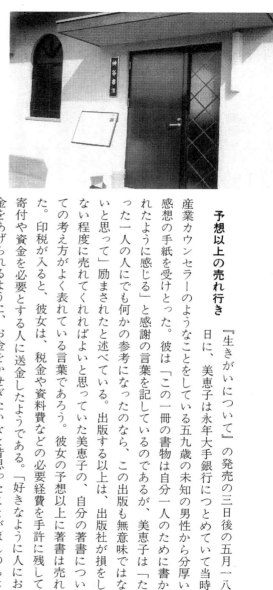

詩作の姿勢

最後に一言、詩人としての美恵子にふれておきたい。いつ頃から彼女が詩を書き始めたか定かではないが、二〇歳の時の詩が残されていることから推察して、津田塾の学生時代にはすでに詩作を始めていたのではないかと思われる。医学の勉強に忙しかった医専時代の日記に、「ゆうべ寝てから詩が書きたくて頭が燃えて、どうにかなりそうだった」とあるが、胸のうちに溢れる思いを文章に書き、詩に表すことは、彼女の一生の願いであり、また喜びでもあった。

一九四三年九月九日の日記には、彼女の「くびき　『宿命の少女』のうたえる」という詩を「清流」誌上で読んだY子（第II章第三節で述べた美恵子を精神医学に進ませるきっかけとなった精神を病む年下の女性）から、「……読ませて頂いて一緒にただ唸ってしまいました。みみからほとばしり出たこの生々しい言葉が『くびき』を負うたくさんの人達をどんなに唸らせたことでしょう。どんなに大きな力を与えたことでしょう。そうしてその上に静かな感謝を与えたことでしょう！」という手紙を受け取ったことを記し、つづけて次のように書いている。

「わけもなく涙が出た。これが本当ならいい。『軛《くびき》負う人たち』に『唸って』もらえればそれだけでいい。もし私みたいな者の筆でもこうしたことに使って頂けるなら、どんなにでもして勉強して行かねばならない。切れば血のにじむような、私の心臓の切端をそのまま投げ出したような、そんな詩が書けたら!!

情操に於ても、思想に於ても、表現に於ても、長い長い間いじけて育たなかった私も、これから遅蒔ながら自由を恢復して大胆に、正直に、のびのびと成長できそうな、そんな気配を自分の中に感じる。……

誰とも完全に同じになれない、この変った自分をそのまま、物怖じせずに表現していいなんて！　それがまた人の心に通じる唯一の道だなんて！　……」

これが彼女の詩作の姿勢であった。どの詩にも、彼女の思想が、願いが、祈りが、そして感謝が、美しいつつましやかな言葉でうたわれている。彼女は藤村の詩の言葉の流れの美しさに酔い、自分が日本のことばの美しさに目ざめるのがおそかったことを嘆いているが、結核療養中から渡米の頃までに訳したクリスティナ＝ロゼッティの詩も、晩年に訳したハリール＝ジブラーンの詩も、やはり自ら詩をつくる人にして初めて可能と思われるような美しい言葉で綴られている。

「くびき」と「癩者に」

「くびき」は一九三六年、彼女が二度目の結核療養中に作ったものである。

つぼみほころぶ生の門出に
負わせられた一生の軛《くびき》

その重さに耐えかねて
私は呻《うめ》く、よるもひるも。
　もろいこの骨ぐみに
おもしのようにのしかかり、
やわらかいこの肉を
　てこのようにしめつける。

逃げ出そうか、否、
まぎらそうか、否。
しばられたまま、いたいまま、
まどろむこともゆるされない。

　髄まで食い込む軛よ、
私の笑いに、憩いに、夢に、
然り、私のいぶきそのものに
お前はにがい味を残して行く。

でも何と代えよう、この軛
これこそ私だけのもの

主御手ずから賜わりしもの
ほまれなるかな、黙して負うは。
　除き得るは負わせ給いし者のみ
　癒し得るは撃ち給いしみ手のみ
　おお恵《めぐみ》の軛よ、わが上にあれ、
　主ふたたび来り給うまで。

さらにもう一篇、彼女の〝心臓の切端をそのまま投げ出したような〟詩として、多くの人の心を打った「癩者に」という詩をかかげておこう。一九四三年夏、愛生園を訪れた時の詩である。

光うしないたる眼《まなこ》うつろに
肢《あし》うしないたる体担《にな》われて
診察台《だい》にどさりと載せられたる癩者よ、
私はあなたの前に首《こうべ》を垂れる。

あなたは黙っている。

かすかに微笑んでさえいる。
ああしかし、その沈黙は、微笑みは
長い戦の後にかち得られたるものだ。

運命とすれすれに生きているあなたよ、
のがれようとて放さぬその鉄の手に
朝も昼も夜もつかまえられて、
十年、二十年と生きて来たあなたよ。

何故私たちでなくてあなたが？
あなたは代って下さったのだ、
代って人としてあらゆるものを奪われ、
地獄の責苦を悩みぬいて下さったのだ。

許して下さい、癩者よ。
浅く、かろく、生の海の面《おも》に浮かび漂うて、

そこはかとなく神だの霊魂だのと
きこえよき言葉あやつる私たちを。

かく心に叫びて首《こうべ》たるれば、
あなたはただ黙っている。
そして傷《いた》ましくも歪められたる顔に、
かすかなる微笑みさえ浮かべている。

すでに述べたように、彼女の晩年は病むことが多く、最後の七年間に一七回の入退院をくり返したが、いずれの場合も気分のよい時には病室で読書をし、原稿を書いていた。ハリール＝ジブラーンの詩を訳し、自らも詩を作った。病気をなだめながら、右手が麻痺すれば左手で書く練習をしてでも書きたいと考えた。事実、彼女の書いたものは、病中とはいいながら、質量とも決しておとろえてはいない。文筆家としては、彼女は人生最後の日まで現役だったといえる。

教師として、医師として

「私は、大学時代の専門科目にはあまり関心がなかったし、そんなわけで母校にも愛着をおぼえないけれども、たった一つ、神谷先生の講義が聞けたことだけは、忘れることのできないすばらしいできごとだった。」「神谷先生の講義だけは、絶対に休みたくなかった。」これは、まだ『生きがいについて』が出版される前で、美恵子の名前がそれほど若い大学生たちに知られていない頃に、「精神医学」という科目名で一般教育の自然科学の一科目として開講された彼女の授業を受けた津田塾大学の卒業生たちの言葉である。

密度の濃い講義

普通の授業のない土曜日とか、夏や冬の休暇の前後に、この授業は集中講義として一日六時間ずつ年間を通して一〇日間行われた。一般にこうした集中講義は、少し時間におくれて始まり、早めに終了するとか、登録者は多くても実際に出席する人は少数だったりとかいうことがよく見られるが、美恵子は八時五〇分の始業時には必ず授業を始め、昼休みの一時間をはさんで三時すぎまできっちり授業を行った。また、学生たちも熱心に受講し、欠席者も少なかった。

彼女の語り口は、立板に水を流すような名調子というものではなかったが、一ぱいにつまった知

津田塾大学での美恵子
1963年

識を、豊富な例をひきながら、じっくりと語るので、聞く学生たちの心をとらえ、彼女たちは精神医学の授業を通して、自分自身について、また広く人間について学ぶことができたのであった。事実、彼女は津田塾での授業科目名を、精神医学ではなく「人間学への試み」としていた時期がある。この授業は普通の時間割に組み込まれておらず、全学生が受講可能であったので、七、八〇〇名の学生が受講を希望した。そのため、入学式や卒業式を行う大学最大の教室の広くて高いステージに移動黒板を置き、マイクを使って講義をしなければならず、しかも夏は暑く冬は寒い階段教室で、普通教室の授業に比べて何倍もの労力を要するものであった。

美恵子自身は、この授業を集中マスプロ講義で、学生にも申しわけなく、自分もあまりはり合いが感じられなかった、と述べているが、密度の濃い講義に学生たちは夢中になって聞き入っていたのである。このことから想像して彼女がはりきって教えた小人数のゼミや、看護学校での講義が、どんなにすばらしいものであったかは想像に難くない。現在都立大学で教鞭をとる久保紘章は四国学院大学の三年次の時、わずか十数名で美恵子の「精神衛生」の集中講義をきいた。彼は一九六三年一二月一九日の日記に「おそらくこの講義が、今後のぼくの転機のときとなるのではないか、という予感を感じつつ講義をきいている」と記した。その後、彼は手紙で卒論について教えを乞うたり、関西での大学院時代には美恵子の自宅を訪問したり、臨床心理学の分野で仕事をしていく上で、恩師として交流をつづけた。

良心的な語学教師

彼女が専任教員として教鞭をとったのは神戸女学院大学と、母校の津田塾大学である。非常勤としては、この二校でも教えたほか、東京女子医専、愛生園準看護学校、阪大付属助産婦学校、四国学院大学、それに語学の教師として、アテネ＝フランセ、愛真聖書学園、カナディアン＝アカデミーなどでも教えた。そのほか、自宅でのフランス語塾や、女子医専時代の同級生や、医局でのグループに対する語学指導など、彼女に教えを受けた生徒は非常に多い。さらに、個人指導を受けた人もいる。

彼女は若くして英語科高等教員の検定試験に合格していたので、新制大学の外国語教師として英語を教える資格もあった。また、フランス語は母国語同様であったから、自宅でフランス語教室を開いていた時には、多くの人が集まった。彼女は家計を補うために語学教師をしたが、そのために時間をとられて、彼女の本当にしたいこと、すなわち、精神医学の勉強や、文学作品を書くこと、音楽を楽しむことが犠牲にされていることに焦燥感をおぼえた。一九五四年八月の日記――「毎日英文直しをしているといらいらして自殺をしたくなる。人生とはしたくない事をする場なのだろうか。いつまで語学の先生をしなくてはならないのか。語学よ、汝は私の呪だ」――は彼女が余程、精神的に追いつめられた時の叫びであろう。

しかし、彼女は、あくまでも良心的な語学教師であった。楽をしようとしたのは、せいぜい初歩のフランス語クラスを教えさせてもらえば家で何も準備をしなくてよいだろうから時間が浮かせると思って、神戸女学院でそのことを申し出た位である。この時は、彼女の願いはいれられなかったが、その後、カナディアン-アカデミーで英語を使わずフランス語を教えていることが伝わり、フランス語を教えることとなった。彼女は、この授業でもフランス語のみで教えた。全くフランス語のわからない学生たちであったが、彼女に学びたいという学生たちは熱心に耳を傾けたようである。

英語を直すのに時間がかかるとこぼしながらも、彼女は、津田塾における英作文指導法にしたがって自由作文を書かせていた。津田塾では英語らしい表現で、英文をある程度自由に書けるようにすることを目ざしてこのような英作文の授業が行われているが、教師は提出された英作文を読み、訂正すべき箇所を指摘して、学生に訂正させた上、再提出させ、再度チェックするというもので、この授業は教師にとって労の多いものである。しかし、これにより書く力はかなり向上するので、美恵子もこの方法を採用していたのである。教える以上はきちんと教え、学生たちに実力をつけさせたい、というのが美恵子の考えであった。

語学教師をやめたい、といいながら、お金のためでなく、本当に学びたい人たちが自発的に集まって、かなり高度な本を読むというような場合には、美恵子はむしろ楽しんでその人たちを教えた。まだ医学生であった頃に、将来は語学のクラスも一つ位持って、というようなことを時々日記に書いている。教えること自体、彼女はそんなに嫌いではなかったようである。「精神医学」のみの世界に閉じこもることなく、いろいろなフランスの本を読むことで彼女自身が啓発される場として、彼女は経済的必要がなくなった後も、芦屋の自宅で開いていたフランス語の上級クラスをつづけた。また、長島愛生園で独学でフランス語を学び、数年がかりで歴史書の翻訳を試みた中原誠に対しては、一〇年近くマンーツウーマンの指導をしている。彼女は一九七九年に没したが、その年の二月末に中原は次のような手紙を受け取っている。

「(……) 引越でごたごたしたためか、訳文と原文をつきあわせるのがぞんざいになって、二度目にみたら、どうもおかしくなっていました。一番下の分が正しいと思って下さい。他の訳はみな文句なし。

この次はもうすこし、きれいにお答えしますから、どうぞしっかりおつづけ下さい。お大事に。」

このような指導を受けた彼が、どんなに彼女に感謝し、敬愛していたか、それを語った彼の声がまだ筆者の耳に響いている。こうした個人指導は、彼女のフランス語教室で学んだ人たち、授業を受けた学生たち、また友人たちも何人かが受けている。彼女が決していい加減な、単なる生活費稼ぎのための教師でなかったことは、明らかであろう。

カウンセラーとして

精神科の医師であり、教師であるということから、彼女はしばしばカウンセラーの役を引き受けざるを得なかった。現在でこそ、多くの大学に、たとえ専任ではなくても、精神科の医師やカウンセラーが勤務している。美恵子が教師をしていた頃は、まだまだカウンセリング部門の整備は不十分な大学が多かった。しかし、美恵子は、ボランティアのカウンセラーとして授業のあとで学生と会い、また精神病や神経症の学生を適切な医療機関に紹介したり、自ら精神療法を行ったりした。彼女と直接対面し、言葉をかわすだけで、何ともいえぬ温かさを感じ心が落ちつく人たちもいた。

カウンセラーとしての働きは、大学に限ったことではない。もともと、長女で弟妹の世話をしてきたこともあってか、彼女には、何か人が頼りたくなるような包容力に富んだやさしさがあり、どんな相談でも聞いてもらえるという安心感を相手に感じさせるのであった。父も何かと彼女に相談を持ちかけているし、親戚・友人・知人・教え子、それに著書が出版され始めてからは文字通り全国津々浦々から相談の電話や手紙が舞いこんだ。もちろん、そのすべてにこたえられる筈がない。時にはまるでくずかごにごみを捨てるように、自分の悩みを彼女に訴える人々の話で疲れはて、自分まで暗い気持ちにさせられることもあった。しかし、彼女はあくまでも誠実な気持ちで一人一人に対応した。「カウンセラーにもそれぞれの人なりの限度（限界）があるのですから、忍びないと思っても相手の数を制限するなり時間を制限するなりクールなあたまを一面持って、ご工夫下さいませ。『これしか私にはできません』と言って（無言でもちろん！）ひきさがる面があってよい筈だと思います。そうでないとカウンセラーとしての生き生きした有効性を持ちつづけられませんでしょう。皆を助けることなどできないのだ、という人間としての力の小ささをみとめるほかありませんね。でも何もしなくてもだまっていても、祈りの心でほほえみかけるだけでも立ち直って行く人がありますね。……」というはがきを彼女は書いているが、彼女自身、これを実践していたのであろう。そのため、たとえ会ってもらえなくても、彼女から拒絶されたという思いを持つ人は少なかったのである。

彼女は相談を受ける時に、時間的余裕と、その人が彼女をどれだけ必要としているかを基準にして、相談を受けていたようである。その人が名もない人であり、相談に対する謝礼など期待できなくても、時間にゆとりがあり、必要度が高いと考えれば相談にのった。彼女の結婚の媒酌人であった元宮内庁長官の田島道治氏に頼まれて、一時期現皇后の話し相手をつとめたことも、彼女にとっては何ら特別のことではなかった。当然のことながら誰もそのことを知らずにいたのに、秋篠宮妃が彼女の著書を愛読されていたということから、急に女性週刊誌などでそのことが取りあげられた。もし、彼女が存命であれば、いろいろ取材攻勢に会って、迷惑を受けたことであろう。彼女は身分とか地位にこだわらず、ただ悩む人、苦しむ人、悲しむ人と共にありたいと願って生涯を送ったのであった。

「病人に呼ばれている」

美恵子は、自殺したY子のことをはじめ、これまでの経験を無駄にしないように心にとめ、常に他人の気持ちを慮り、自分の言動に注意していた。たとえば愛生園では、帰る家があり一家だんらんの楽しさを味わえる自分のことについては一切語らないようにしていた。そういうことのできない患者たちに対して申しわけないという気持ちからである。

医師、中でも精神科の医師は広い意味ではカウンセラーといえる。もちろん、薬を処方することや、身体的な診察をし、診断を下し、入退院を決定するなど、医師独特の任務があることはいうまでもないが、心を病む人を受容し、その語る言葉に耳を傾け、共感的理解をすることなど、カウンセラーにとって重要な資質は、精神療法を行う場合医師にも要求される。美恵子は、いわゆる病院の勤務医でもなければ、医学部の教授という立場でもない。臨床医としては、東大病院の医局にいた二年弱と、長島愛生園に、一ヵ月に何日間か通うという形で十数年間勤務しただけである。だからといって、彼女に臨床医としての経験が少ないとは決していえないのではないだろうか。それは、彼女自身が自分のことを「電話医」と称したことでもわかるように、先に述べた多くの人たちに対して電話によるカウンセリングを行ったからである。恩師内村から、「一生医学をつづけるように」といわれたことを美恵子は決して忘れなかった。しかし、その約束によるだけで彼女はこのように多くの人の相談にのったのではない。若い日に、多磨全生園でらい者に出会って以来、彼女は「自分は病人に呼ばれている」と感じ、親友浦口真左にそれを告げている。病人に呼ばれた時、彼女は自分の書きたい欲求も、その他多くの自分のしたいことも犠牲にして（犠牲にしているという気持ちを彼女自身は持たなかったが）その声に応えたのであった。精神科医中井久夫が美恵子について語った言葉「頼まれれば人に尽さずにおれない人であったと聞く。そのような献身がなければ彼女の著作集は数倍になったであろうが、彼女はそうすることを選ばなかった。Sacrificium intellectūs——知性を犠牲として神にささげること——は神のもっとも嘉したまうところと聞いたことがある。彼女がそれを神にささげたか否かは別として、なされたものはまじり気のない Sacrificium intellectūs に近いと私は思う」は、まさに彼女の姿勢であった。

博士論文の作成

医者になることは、彼女の使命感で裏付けられていたので、一生涯、その使命達成のためにあらゆる困難とたたかいつづけたのであるが、一度だけ医師をやめようと思ったことがある。それは、結婚後家事の予想以上の多忙さから医局にフルタイムで出ることが困難となったことに加えて、夫、宣郎の研究者として精進する姿に敬意を払うあまり、彼と

愛生園にて　前列左から金子仁郎，光田園長，後列左から桜井方策，美恵子，宮田。1957年6月

同じ分野で研究できたらと考えたのであった。しかし、自分が実験的研究には全く向いていないことを知って、すぐにそうした考えは捨てた。

関西に移ってから、内村教授の紹介状をもって大阪大学医学部神経科の教室に入ったが、すでに述べたような家庭の事情から週に一度の医局会に出るのが精一杯であった。しかし、彼女はその間に大阪のアメリカ文化センターから、次々と力動精神医学に関する書物を借り出して、精神科医としての知識の蓄積をはかっていた。アメリカ精神医学の影響を受けて、当時の阪大では心身医学の研究がさかんであり、身体的な病気と精神の関係が追求されていた。堀見教授が、らいと精神の関係について研究する者はいないか、と問われた時、美恵子は「私にさせて下さい」という言葉を、幼い二人の子供のことを考えて、ぐっとのみこんだのであった。

一九五五年秋頃より、美恵子は身体の不調を感じ、診察を受けた結果、初期の子宮癌であることがわかった。幸い、この癌はラジウムの大量照射で進行がくいとめられたが、美恵子は、自分の生命があと何年あるかわからないと感じ、どのようにして余生を過ごそうかと考えている時、夫、宣郎から、らいの研究をやってみたらとすすめられたのである。かつて、らいと精神の関係についての研究に言及した堀見教授はすでに他界していたが、次に就任した金子仁郎教授に、美恵子は心をはずませて自分の研究テーマについて話した。教授の許可を得て、美恵子は長い手紙を愛生園の光田園長に書いたところ、早速、受諾を伝える巻紙に毛筆の返事をもらったのである。一九五六年七月のことであった。

美恵子の喜びはどんなものであったろうか。一三年前、医専卒業後は愛生園で働くことを約束しておきながら、それが果たせなかった美恵子は、万感の思いを胸に抱いて、その年の九月に台風の中を、調査の打ちあわせと、患者たちに直接調査の依頼をするために、島に渡ったのであった。

経済的な援助は、宣郎の長兄が亡父の遺産から出してくれることになり、光田は厚生省と連絡をつけて、非常勤職員として彼女が長島に通うことができるようにしてくれた。彼女自身は、精神構造調査用紙と、文章完成テストを、それぞれ自分の研究に合うように修正して、一九五七年から五八年にかけて、七回にわたり、延五〇日間の調査を実施した。病床の個人面接を含め、九種類ほどの調査を行い、これを「癩に関する精神医学的研究」という論文にまとめて提出し、一九六〇年三月、阪大より医学博士の学位を受けた。

愛生園とのつながり

本来なら、これで再び「らい」との関係は終わる筈であったが、不思議な運命というか、神の摂理か、この調査をきっかけに、美恵子と島のつながりは、彼女の死にいたるまで続くことになった。

調査に通い始めてしばらくした頃、一九五七年一〇月に、新しく園長として赴任したばかりの高島重孝に対して、美恵子は愛生園の精神病者が入っている老朽化した病舎があまりに不潔で、しかもそこの患者たちが、らいの新しい治療も受けていないことを見て、「精神病者がらいの治療も精神病の治療もうけずに放置され、不潔な状態におかれているのは国辱ですね」と言ってしまう。高島園長はすかさず、「それじゃ、あなた来てやって下さい」といった。家庭を思い、教職にある責任を考えると、この申し出を受けるわけにはいかなかったが、誰か適切な人を見つけてほしい、見つかるまではできる範囲で精神科医療に携わってほしいといわれた時、美恵子は自分の言葉に責任を持たなければならないと思った。調査のために来島する必要もある。帰宅後、夫に相談したところ即座に賛成が得られた。こうして、土曜の未明に家を出て、電車・汽車・小さな船と乗りついで五時間余をかけ、午前中に島に到着して診療し、日曜朝の船で帰るということを何回か行った。夏休みには一週間ぐらい滞在したり、隣の邑久《おく》光明園の診療をも依頼されるようになってからは、二、三泊することもあった。

美恵子がこの世を去って九年後の一九八八年に、やっと長島への橋が建設され、岡山から赤穂線で約二〇分の邑久駅下車、車で三〇分位で愛生園に到着することが可能となった。初めて愛生園を訪れた時、筆者はその橋のあまりの短かさに驚き、この橋が長年建設できなかった日本社会のらいに対する差別偏見の強さを悲しく思うと共に、もしこの橋がもっと早く建設されていたなら、美恵子の島通いも、もう少し楽であったであろうにと考えずにはいられなかった。

愛生園精神科医長として

短い滞在ではあったが、美恵子は、患者たちに向精神薬を投与し、相談にのり、看護婦たちを励まし、熱心に診療にあたった。幸い、一九五八年九月から、島に住み込んで診療にあたる精神科医が見つかり、美恵子の島での仕事は終わったかに見えた。ところが、この医師が一〇ヵ月で退職したため、一九五九年七月より、本格的に愛生園の医師として、勤務することとなり、翌一九六〇年七月からは月一回定期的に島を訪れる決意をした。その後、一九六五年からは精神科医長として月二回、長島につとめることになったが、体力の不足、それによる当直の困難、留守宅をまもる小母さんが高齢になったこと、子供の進学などの理由で、一年数ヵ月でこの職を辞し、再度非常勤医として、島とのかかわりをつづけることになった。爾来《じらい》、一九七二年、健康を害して、非常勤医を辞するまで、彼女の島通いはつづき、島を訪れることができなくなってからは手紙と電話で患者との接触がつづいた。

「愛生園には通えなくなっても、死ぬまで心は患者さん達と結ばれていた」と宣郎は書いている。

彼は、ごくたまに「ぼくは美恵子を島に奪われたのだ」といったそうだが、たしかに美恵子の島での勤務は激務であった。昼食ぬきで、一二時間も炎天下や極寒期の海風に吹かれながら島の坂道を歩きまわって診療し、時には攻撃的な患者から、彼女のしたことでない事について、二、三〇分も罵倒されつづけたり、島の人間関係のごたごたにまき込まれたり、四〇代半ばから五〇代にかけての一五年にわたる島での仕事が彼女の健康を害したといえなくもない。しかし、これが彼女の生きがいであった。島での調査をしながら、生きがいの問題を考え始め、名著『生きがいについて』がうまれたが、生きがいを感じる心にあるさまざまな要素のうち、使命感に生きる人が一ばん生きがいを感じるのではないだろうかと述べている。また、使命感に生きる人の注意すべきこととして、常に謙虚な反省を忘れず、たえずあらたに道を求める祈りの姿勢の大切さをあげている。美恵子はこれをきびしく自分に課して生きたのであろう。

彼女がいかに誠実な医師であったかを示す一例として、愛生園で行った調査について報告会を開き、それを園で発行されている月刊誌「愛生」に詳しく掲載していることが挙げられる。一九五八年六月号に「愛生園における精神医学的調査報告」と題して、彼女は一文を寄せているが、専門的な内容をわかりやすく説明し、しかも決して手抜きしているところがない。被調査者に対する思いやりと謙虚な姿勢が十分にうかがわれる。自分たちが協力したことで、よい研究成果が得られたことを喜ぶ人たちも多かったことであろう。一九八〇年二月号の「愛生」は彼女の追悼号であるが、彼女がどんなに愛生園の人々によって敬愛されていたかを伝えて余りある。

愛の医師

医師として専門的な論文のうち、いくつかを国際的な精神医学誌（「コンフィニア」など）に寄稿し、それが外国の学者の関心を引くことになり、交流が始まったりしている。得意の語学が役立ったことはいうまでもない。また精神医学関係の学会にも出席し、発言は多くはなかったが、指名されれば、自説を堂々と主張した、と加賀乙彦は述べている。学者、研究者として有名になろうと思えばなれる実力を十二分に有していたが、彼女は有名になることには関心がなかった。むしろ、一人一人の悩み苦しむ人々の声に耳を傾け、報われることの少ない、その人たちの求めに応じる道を選んだのである。

彼女を知る人で彼女のことを悪くいう人に出会ったことがない。もちろん嫉妬心から、彼女が何かの地位をねらっているのではないか、というようなことを言った人もあるらしいが、そういうことを言われていると知ると、彼女はその職場を去るということをしていたようである。

彼女がいかに心やさしい愛の医師であったかを示すものとして、愛生園から美恵子の葬儀に出席した島田ひとしは、弔辞として次のような自作の詩を読んだ。

先生に捧ぐ

そこに一人の医師がいた
五十年の入院生活をつづけている私たちにとって
記憶に余るほどの医師にめぐまれてきたわけではないが
めぐみは数ではない

そこには一人の医師がいた
「なぜ私たちでなくて、あなたが？」とあなたはいう
「私の〝初めの愛〟」ともあなたはいう

代わることのできない私たちとのへだたりを
あなたはいつもみずからの負い目とされた

そこにはたしかに一人の医師がいた
私たちは、いまとなっては真実にめぐり会うために病み
病むことによってあなたにめぐりあい
あなたのはげましを生きることで

こうして
あなたとお別れする日をむかえねばならない
さようなら
神谷美恵子
さようなら

Ⅳ　人間を超えるものへの信頼

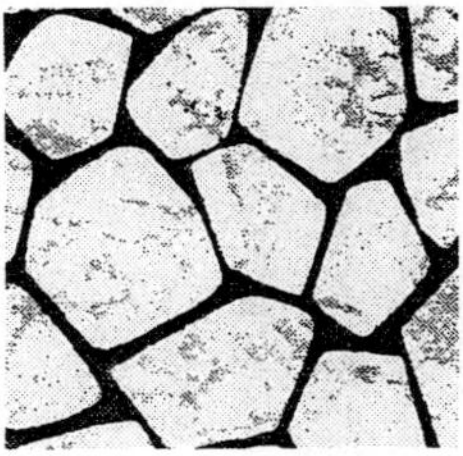

内面の輝き

自己分析

美恵子の人となりについては、前章までで自から明らかであろう。人はそれぞれ、生まれおちて数年後から現在にいたるまでの自分に関する事柄――自分の身に起こったこと、自分の考えたこと、自分のしたこと――を、誰よりもよく記憶し、知っている。もちろん、そこに描かれる自画像は、あくまでも意識化されたものであって、無意識の中に押しこまれている自分の一面や、忘却の彼方に都合よく（忘却ということが選択的に行われていることはフロイトを引用するまでもなく、各自が経験することである）捨て去ってしまったことなどは含まれないので、他人の描く自己の姿とはかなり異なる場合も多い。美恵子が自分自身をどのように見ていたかも含めて、描きたりなかった美恵子の人となりについて述べよう。

子供の頃から美恵子は、自分はどういう人間かということを、折にふれては考える子供であった。ものを書くということも、特に膨大な日記を残しているということも、自分を内省し、自分の性格傾向について客観的な検討を試みようとしていることの一つのあらわれではないだろうか。特に、彼女は専門として精神医学を選んだから、さまざまな異常心理についても造詣が深いことはいうまでもない。一九四五年一月二五日付の日記に、「おぼえがき」として自分の性格傾向をさまざまな精神病理にあてはめて描写しており、その結果、分裂気質に加えて躁鬱的性格と自分を規定している。それ故、大部分の精神病理学は理解できる筈と考え、自分は正常心理学的な人間ではない点が多いので、自己を掘り下げていくのがよい、としている。彼女がウルフに大きな関心を持ったのも、ウルフの中に自分と類似した点を見出したところがあったことも一因であろう。

しかし、現実の彼女はいうまでもないが、きわめて正常な人格の持ち主であった。もちろん、何が正常で何が異常かを規定することは大変むつかしいことである。天才は、普通の人をはるかに越えた才能を持っているという意味において異常ともいえるかもしれない。その意味では、美恵子も異常であるといえるであろう。美恵子の躁状態も鬱状態も人間として、むしろそうした感情の起伏があって当然という範囲のものであるし、観念奔逸《ほんいつ》(気分が高揚して抑制がきかず、考えが次から次へと浮かんできて、多弁、冗長で話に一貫性がなくなる)も、途絶《とぜつ》(思考の進行または流れが急に中断され、思考が停止して話が急にとまったりする)の状態も、自閉も、彼女の性格特性のようなものであって、いわゆる精神分裂病者の症状としてのものではないことはいうまでもない。ただ、分裂病者のさま

執筆中の美恵子　芦屋にて。1963年

ざまな思考や行動の異常にしても、人間の示す症状であるから、健康な人でも自分がそのいくつかの症状を持っているように感じるものである。また、誰でもが持ちあわせているそうした性情を、病者は極端な形で現すのかもしれない。

美恵子が自分の生活と思想の中に大きな役割を演じているとした離人症（自己の存在や、自分の行っていることが感じられないとか、外にあるものはわかるがヴェールでもかぶっているように実感できない、自分の身体が生きていると感じられないというような意識の面の障害。神経症、鬱病、分裂病に現れるが、健常者でも疲労の激しい時に体験する）も、彼女の孤独を愛する心、何かに熱中した時に周囲に対する関心がなくなり、別世界に身をおいたようになることを表しているものであろう。美恵子のこの性格傾向は、父、多門に由来するものである。しかし、彼女の孤独を愛する心は、決して人を寄せつけない冷たいものではなかった。むしろ、静かに自己の内に沈潜し、思索を深めるというものであった。

孤独と思索への傾倒

美恵子の孤独は、「〝若い時からの彼女の element（持ちまえ）〟であり」、また、「私は何であるか。（……）超人であるか。哀れなる frustrated old maid（欲求不満のオールドミス）であるか。精神病の一歩手前でどうやら持ちこたえている変質者か。真の才能は何もないのに、ほらばかり吹いている誇大妄想者か。――恐らくその何れでもあろう。またそれ以外の要素もあろう」と書きながら、最終的には「神のみ御存知のことだ」と結論する、そのような孤独であった。誰にも理解されず、関心を抱かれず、連帯することもないひとりぼっちの孤独ではなく、愛に満ち、まどろむことも、眠ることもなく常に私どもを見守る神と共にあることで何の不安も感じず、むしろ自らすすんでひとり沈潜する時間を持つことの大切さを知る者の好んで選んだ孤独といえよう。

古来、偉大な思想や哲学を生み出す人たちは、必ず独り静かに思索する時を持った。聖書は、イエス＝キリストがしばしば弟子たちや群衆からはなれて、ひとり静かに祈る姿を描写している。このような孤独を美恵子は愛したのである。鋭敏な感受性をもって、まわりの人々の言動を深く受けとめ、考えをめぐらし、日記をはじめ、さまざまな書きものに、彼女は自分の考えを書き記した。自然や、芸術作品、特に音楽に対する感受性も大きい。都会に育ったが、都会の喧噪よりも、伯父の家の近くの茨城の海岸や、軽井沢の林野、スイスの田舎、ペンドルーヒル、海に囲まれた長島、穂高の山荘、また宝塚のマンションの傍らを流れる川原の自然の美しさを彼女は愛した。こうした自然の中で彼女の心はリフレッシュされ、思索が深まった。自然の中で彼女はより一層謙虚になり、他に対する愛が深まったようである。

音楽、特に自ら「偏愛している」というバッハの音楽は、彼女にとって心の慰め以上のもの、彼女を神のもとへ連れて行く礼拝そのものであった。女子医専在学中に、クラス会誌に寄稿した「バッハの音楽」をはじめ、日記、随想など、バッハについて書いたものは多いが、いかに彼女がバッハを愛し、バッハによって支えられていたかがよくわかる。自分の死が確実に迫っていることを知った時、彼女は自分の葬儀の時に流す音楽として、バッハの「主よ、人の望みの喜びよ」を、演奏家、レコード盤まで指定して選んだ。バッハの深い信仰がその音楽に表現され、人の評価ではなく、神を讃美するために音楽を創ったバッハの祈りが、美恵子の魂に語りかけ、その受難曲では、イエスを「熱いハートを持った人間として生かしている」と感じさせるのであった。

このようにひとり静かに思索したり学んだりすることを重視した美恵子は、時間的な制約もさることながら、いずれかの団体に所属して活動することについてはあまり積極的ではなかったようである。彼女は、『生きがいについて』の中で生存充実感への欲求に関して述べているが、そこに次のような件《くだり》がある。

「活動性にとんだひとは、平生のつとめのほかにもいろいろと仕事をつくり出し、他人との関係もたくさん結び、毎日いそがしくとびまわることにすがすがしい生存の充実を感じる。それはスポーツにも似た健康なエネルギーの駆使である。そういうひとは、たえずとびまわっていることが、平常の『生存感』になっているから、ちょっとでも活動をやめると自己の生を空虚に感じてしまう、それでますます一瞬の隙もないように、活動へと自らを駆りたてることになる。

これに反して、こまやかな感受性をもったひとは、しずかなくらしのささやかな事柄のなかに生存充実感を求め、感度の高い受信機のように、ふつうのひとには見のがされてしまうようなところからこれをつかまえてくる。」

また、「大言壮語してウーマン・リブ運動に奔走するより、黙々と女性の実力をたくわえることだ、と思わせられる」とか、活動的な母を見てエネルギーを分散させていると感じるなど、彼女は大勢の人が集まって、討議をし団体行動をするということには、あまり関心がなく、時には批判的であった。内面の充実をはかることを重視することと相まって、彼女の内向的で孤独を愛する性格の影響もあると思われる。女子医専在学中の一九四二年の日記に「活動だけしている人間の心は空虚なものだろうと思う」と記している。これを書いたのは、何日間かの無料診察に従事して疲れて、あまりに忙しくてものを考えない日々がつづいた後であるが、彼女は、そうした活動から充実感を味わうよりも、多忙さから解放されて、「外部から何の行動をも強いられぬ生活の許されるのをたまらなく有難く感じる」人であった。それが、活動的な人に対して共感的な理解を困難にした理由であろう。

内的葛藤と他者への愛

日記や親友にあてた手紙に内に何匹もの鬼をかかえていると、書いているように、彼女の内面のエネルギーは非常に大きかった。医師として、あくまでも科学的な専門家として十分な知識を身につけたいという欲求、文学作品を書くことへのおさえ難い衝動、よき妻、よき母でありたいという願望に加えて、家事・育児も決して嫌いではなかったこと、また音楽と読書への愛着などが内側でせめぎあっていた。その上、経済的必要を満たすための仕事もしなければならなかったから、こうした状況をコントロールしつつ、自分を向上させていこうとした美恵子の努力が、常人ではまねることのできないものであったことは想像に難くない。料理をしながら本を読んだり、ものを書いたりすることは日常茶飯事であったし、編物をしながら原書を読むことなどは、まさに彼女の特技としか言えないであろう。

彼女が、いかにしてこうした鬼の力と対処してきたかはすでに述べたが、彼女は他の人に鬼の存在を感じさせることはなかった。彼女と接した人は、異口同音に彼女がいかにやさしい人であったかを力説する。愛生園でフランス語の指導を受けた中原誠は「頭の先から足の先までやさしさのつまっている先生」と述べたが、常に相手の立場に立つことを心がけていた彼女の一寸はにかんだような語り口にも、できるだけ目立たないようにする態度にも、また、愛生園で働く美恵子の姿を写真に撮りたいという雑誌社の申し出に対して、多くの看護婦と共にあるところを撮影してもらったということからも彼女のやさしさが表れているのではなかろうか。

目立たないようにと気をつけて行動していても、彼女の内側からにじみ出る輝きが、いつのまにか彼女を中心人物としてしまうことがしばしば起こった。これをおもしろく思わない人がいても不思議ではない。彼女にはあまりにも多くのものが与えられているように見えたのであろう。それに対するねたみから、彼女が地位に対して野心を抱いているかのような中傷をする人もあった。そうしたわずらわしさからはできる限り遠ざかろうとしたことも、彼女の孤独を愛する気持ちに拍車をかけたといえる。

しかし、彼女は決して人間嫌いではなかった。むしろ、人間を愛し、尊重する姿勢は一生変わらなかった。純粋な無償の愛を注いで生きたいという思いは年齢を重ねるにつれて深くなった。彼女がミシェル＝フーコーに興味を持ち、その著作を翻訳したのも、フーコーが『狂気の歴史』を書いた時、これまでの著者が「外側から精神病者をみて、精神病に関する知識を体系づけてきた」のに対して、彼は精神病者自身がたどって来た歴史を記すとともに、彼らがそうした歴史をたどらなければならなかった理由を明らかにしようとしていることに気づいたからである。また、バッハやヘンデルの音楽が、人間の弱さも、苦しみも、悲しみも味わいつつ、なお高い理想に生きようとする、まことに人間らしいイエスの姿を表現していることに深い感動をおぼえている。人間について述べるまなざしは、自らも一人の人間として同じ立場に身をおくもののそれでありたい、と彼女は願っていたのである。それは、ある高いところに身をおいて〝客観的〟という錦の御旗をふりかざしながら、冷たく観察する姿勢とは相容れないものであった。

存在は行為に先行する

若い時から、美恵子は人間の行為よりも、存在そのものが大切であると考えていた。女子医専卒業を眼前にして、「ああ神様、（……）人知れず愛を行い得るような、いな行うのでなくただ存在するだけで周囲に愛と光とを放つようなそんな何気ない素朴な人間たらしめて下さいませ！」と日記に記している。「存在」が「行為」に先行する、ということは、敬愛する新渡戸の説いたところでもあったが、彼女の思想の中核をなすものでもあった。人間は、必ずしも行動することにおいて価値があるのではなくて、人生をどのような姿勢で生きているのか、ということ自体が大切な意味を持っているということを、長島でのさまざまな患者との出会いを通して確信するに至ったのである。

元来、彼女は不言実行の人であった。ペンドルーヒルで若い日を共に過ごしたモートン＝ブラウンは、一九三九年に彼女と別れて以来四〇年近く音信が途絶えていたにもかかわらず、美恵子の晩年にお互いの消息がわかった時に、文通を再開した。一九八二年に彼が記した「美恵子さんの思い出」という一文は、当時の彼女の存在がいかに大きなものであったかを、あますところなく伝えている。「美恵子さんは言葉ではなく、一個の行為だった」と、彼が若い日にノートに書きとめたことが記されているが、排日思想の満ち満ちていた時代にアメリカの青年にこれだけ強い感銘を与えた日本人は彼女をおいて他にはいなかったであろう。

彼女のように人間の存在そのものが行為であるような人は少ない。したがって、人間の存在から切り離して、行為そのものについて、それが有用なものか否かが、しばしば論じられる。美恵子は、これに対して大きな疑問を呈している。「役に立つ」行為というような表現が気軽に使われるが、何が真に役に立つ行為なのかをまず考えなければならないであろう。社会にとって有用と考えられることが、時として人間の生き方を損なったり、廻り廻って他の人を傷つけることもあり得る。知らず知らずのうちに、役に立つ行為とは経済的な効率をあげる行為と考え、障害をもつ人や病者を差別することもあるであろう。美恵子は、この点に関しては特にきびしく自分の言動に注意をはらっていた。

彼女は、プラトンの『国家』を愛読していたし、読むべき古典として若い人にすすめている。しかしプラトンは、その中の第五章に、優秀な者が子供を残すような政策を採らなければならないというような優生学的な人口政策を述べている。このことは彼女の思想とは全く相容れない筈だが、彼女は、それについては「ショッキングとしかいえない」とのみ述べて、プラトンの現代的な問題意識の方を高く評価しているようである。ショッキングな意見により、全体の書物の価値が減じるとは考えなかったのであろう。

美恵子は、神の前にはすべての人間が等しく価値ある者とされていることを確信していた。自らも病む者となった時、この確信は自分自身を支えることにもなる。「人を愛するのは美しい。しかし愛することさえできなくなった痴呆の意識とからだはどうなるのだ？　だから愛せる者よりも価値が低いと言えるか？」と、死の九ヵ月前に彼女は記している。痴呆になる可能性もある病状であったため、痴呆になって看取る者に苦労をかけたくないという思いは強かったが、同時に、そうなったらそれも自分に与えられた運命として受け容れていく覚悟をもって彼女は生きた。しかし、彼女の場合、一九七九年一〇月二二日、何度目かの心不全の発作で遂に帰らぬ人となるまで、明晰な精神活動はつづいた。病院に運ばれる時、薄れゆく意識のもと、玄関の履物をそろえようとしたこともあったという。最後まで周囲の人への思いやりを示す、よき家庭人でもあった。

宗教について

キリスト教と美恵子

「神さまが見ていらっしゃるよ。」　これが幼い美恵子が何か悪いことをした時の母の叱責の言葉であった。幼い子供にとって、親は絶対的な存在である。その親が、自分よりも力あるもの、人の目はごまかせてもごまかせない存在があることを、折にふれ語りきかせるだけでなく、自分自身もその存在の前に頭を垂れるという時、子供の心には自然に、そうした人間を超えた存在があることが植えつけられるのではなかろうか。あけっぴろげでどちらかといえば賑やかな母が、クエーカーの集会に参加し、沈黙礼拝を捧げる。人間を超えた存在に対する畏敬の念が満ち満ちているこの集会に連れて行かれた美恵子は、幼いながら、そこにかもし出される敬虔な雰囲気を心に深く受けとめたようである。父もまた、地位に甘んじることなく、常に自己と戦い、神の前に正しく生きようとしていた人であったことはすでに述べたが、このような真摯な生き方をしている両親に育てられたことに加えて、母方の叔父は無教会派の伝道者であったし、彼女が教育を受けた学校はほとんどすべてキリスト教精神に基づいて教育が行われているものであったから、美恵子がキリスト教の影響を強く受けたことはいうまでもない。

講義する美恵子　成城短大にて。1968年

その上、美恵子は数々の古典をはじめ現代にいたるすぐれた著作を読破しており、人間について哲学的な思考をめぐらすと共に、自己に対しては厳しく内省する性格であった。美恵子が接したのは、主として無教会主義のキリスト教と、クエーカーと称されるフレンド派のキリスト教であったが、いずれも形式的な制度を排し、洗礼や聖餐式も行われなかった。したがって美恵子も洗礼を受けるということはなかったが、求道の精神は強く、若い頃から聖書を学び、叔父の主宰する無教会派の集会に毎日曜日出席を続けた。この集会では毎週聖書の暗唱が行われており、美恵子も暗唱聖句を選ぶために、聖書のあちらこちらをひっくり返さざるを得なかった。こうしたことから、次男徹の妻、永子が、美恵子について「聖書はすべて頭の中にあった」と書いたのは、決して大げさな表現ではなかったのである。

彼女を一般的な意味で〝クリスチャン〟と称することは控えるべきではないだろうか。彼女は、「人が人を破門したりする排他性には耐えられない」と述べているように、特定の宗教を絶対視することを好まなかった。ペンドルーヒルには、彼女がそこに在籍した時に発表した二つの論文「キリスト教と異教徒」と「キリスト教の信仰の姿勢」（原文英語）が残されているが、すでにそこにドグマティックで狭量なキリスト教に対する彼女の批判が見られる。彼女は、各地の宗教的、文化的伝統を尊重し、柔軟な開かれた心での伝道が必要と考えた。「宣教師として必要とされていたのは、（……）異教徒の魂の幸福をおのれを忘れて願い求め、彼と一体となり、彼が真理を自分の目で見ることができるよう、必要とあらばすべてを、自分の教会と神学をさえ捨てる心構えのある人々であった（傍点筆者）」と美恵子は述べている。ここに、キリスト教を唯一絶対の宗教としない、一生を通じての彼女の宗教観の萌芽が見られるのではないだろうか。

遠藤周作の近著『深い河』に描かれるカトリックの司祭になるべくしてなれなかった（ならなかったというべきか）大津の生き方、考え方にふれた時、筆者は、美恵子の宗教観がこれに近いのではなかろうかと考えずにはいられなかった。クリスチャンと異教徒という二つのカテゴリーに人間をわける考え方に、大津がなじめなかったように美恵子もなじめなかったようである。

全き愛の神への信頼

一生を通じて、彼女は真理を追求しようとした。彼女にとっては〝なす〟ということよりも人間の〝ありかた〟が大切であった。しかし、彼女は逃避的な生き方をよしとしているのではない。形式的、戒律的な生き方を排し、生命にいたる道を実際に生き、そして死んだイエスの生き方に心をとらえられ、自分を全面的に明け渡してイエスを受け入れ積極的に生きることこそ、キリスト者の姿であると考えている。したがって、キリスト教信仰に生きる者として、到達したところに安住することなく常に成長を目ざす姿勢を取ろうとした。

一九七九年、死を迎える年の一月に、彼女は、人生のさかりである三〇歳の若さでイエスが死におもむいたことに同意できないので自分は「キリスト者」になれない、と述べている。しかし、決してキリスト教を否定したわけではなかった。彼女が晩年に愛読し、その作品の翻訳を試みた詩人ジブラーンもキリスト教信仰に立つ人であったが、同時に形式的なキリスト教に対しては、その詩を通してあくまでも反対の立場を表明していた。彼女は、自分は神なしでは正しい生活が送れないと考えていたようである。その神が何であろうと、その「神との対談という形で深奥の精神生活」を営もうとしていた。

一生を通して変わることのなかったのは、絶対者なる神――人間を超えた存在――に対するゆるぎない信頼であった。パウロがダマスコへむかう途上でキリストとの奇跡的な出会いを体験し、それまでキリスト者を迫害していた彼が、一八〇度回心して熱心なキリスト教の伝道者になったのと似た、生まれかわりの体験をした彼女であったが、キリストに従って生きるということを強調するより、全き愛の神にすべてをゆだねて生きるというのが彼女の姿勢であった。人間は有限なものである。人間を超えた永遠に変わらぬ存在、しかもその存在が常に自分をまもり、導いていると確信できることが、どんなに大きなやすらぎを人に与えていることかと彼女は述べた。

「自由な、本質的な宗教心」

空襲警報のサイレンの鳴りひびく中で、彼女は自分の宗教について考え、神との交わりに思いをいたしている。一九四四年一二月の日記に、彼女は次のように記している。

「私の宗教は Mysticism（神秘主義）というのがいちばんいい表現だろう。しかし私の信仰は Gemüt（心情）の上だけのことで知的には、これに普遍妥当性があるとは全然思っていない。むしろ無宗教が本当かも知れない、と思っている。ただ知能の上でどんな極端な無神論者になった時でも、心情の上で直接的、spontan に（自然に）『神』を把握してしまい、その神との極めて個人的な交わりの中に生きてしまうのをどうすることもできない。またこの交わりが私の全生命の力の泉となっていることも否定できない事実だ。

　だから私は自分の信仰なるものを取り出して冷酷にこれを分析することができるけれども、いくら解剖し説明し葬り去って見ても、心情の上では依然最もナイーブな、うぶな、非合理《イラジオナル》な、熱情的、主観的な『神に酔える者』なるを如何とすることもできない。」

　彼女にとって、神は一つの〝心理的必然〟であった。この神を彼女はキリスト教で説く神と限定していない。年齢を重ねるにつれてひろやかな心で、人間を超える存在にすべてを委ね、仏教の経典に学び、慰めを与えられ、「私はいろいろな宗教に共通なところを発見するのがたのしみです。人の心の求めるものはいつでも、どこでもそうちがわないと思います」と友人に書き送っている。夫、宣郎は仏教の影響を受けていたが、彼女にとっては、彼もまた人間を超える存在の前に謙虚に生きる宗教的な人であったことで十分であり、キリスト教の信者であるか否かはあまり問題にならなかった。

苦しみもなやみも、健かさも病いもすべて神の御手の内にあると考え、感謝をもって生きることが、真の宗教心である、と彼女は考えており、修養や克己心によってもどうしようもない自己をありのままに認め、最終的には「人間を超えるもの」に身をゆだねて生きようとしたのであった。それはまた、自力で生きるというより、生かされている、という思いに裏打ちされている。真の宗教は、人間の心をひろやかに、かつ柔軟にし、謙虚に自他をともに受け容れ、感謝をもって人生を生きることを可能にするものと美恵子は受けとめていた。このような、「自由な、本質的な宗教心」こそが、「人間の心が持っている、最も大切なはたらき」であると考えたのである。

病いと死と

本当の医師の姿を

聖書イザヤ書五三章は、主の僕《しもべ》の苦難と死を描いて、人間の魂を深く揺さぶる詩である。「彼は軽蔑され、人々に見捨てられ／多くの痛みを負い、病を知っている。／……／……わたしたちの罪をすべて／主は彼に負わせられた。／苦役を課せられて、かがみ込み／彼は口を開かなかった。／屠り場に引かれる小羊のように／毛を切る者の前に物を言わない羊のように／彼は口を開かなかった。」（三、六、七節）神の独子《ひとりご》、イエス＝キリストが、だまって私ども人間の身代わりになって、むち打たれ、十字架にかけられたということを、黙って診察台に横たわるらい者を眼前にした時、美恵子は思わずにはいられなかったのではないだろうか。「あなたは代って下さったのだ」と美恵子が書いた時、彼女は、そのらい者の姿にキリストの姿をダブらせていたように思えてならない。彼女は、無意識のうちに、キリストに仕えるような気持ちで、らい者に接していたのではないだろうか。それが、らいを病む人々に彼女の中に本当の医師の姿を見させて彼女を慕わずにはおかせなかったのであろう。

同時に、彼女は、らいこそは病まなかったが多くの致死率の高い病いを経験している。若い時の二度の結核、特に二度目は死を覚悟したものであった。しかし、不思議にいやされ、結婚し、二児を与えられた後、まだ次男が小学校にも入っていない一九五五年に、子宮癌にかかっていることが発見された。幸い初期であったため、癌の進行はラジウムの照射でくいとめることができたが、癌は死に至る病いとされていた時代であるから、当然、彼女は死の覚悟をしたことであろう。

美恵子と病気

しかし、これも幸いにも転移などによる再発を見なかった。かえって、このいつ再発するかもしれない病気にかかったことにより、念願のらいの研究を始めることにふみ切れたともいえる。もともと、あまり頑健な体質ではなく、風邪をひいたり、過労から発熱したりということがしばしば日記に記されている。その上、ラジウムの照射が加わり、相当体力を消耗したことであろう。しかし、彼女は身体の不調に負けるどころか、むしろ頑健な人でも過労となるような生活を送って来たことは、これまでの記述から明白である。一九七一年、とうとう彼女の健康状態に、何度目かの赤信号が点った。狭心症の発作が起こったのだ。「思えばガン以来十七年間よくも体が持ってきたものだ。これが第二の余生ならこれからは第三の余生。それはもっと短い可能性がある。一日一日を感謝して生きよう」と一九七一年一二月二九日の日記に美恵子は書いている。そして、この赤信号はついに緑にかわることなく、時折の黄信号の時期を経て遂に一九七九年にライトは消えたのであった。

彼女は心臓の発作から、脳血栓の軽い発作を起こすようになった。一九七四年初秋に一過性脳虚血性発作（TIA）で入院。その後しばしばTIAによる入院をくり返している。大きな発作が起こり、半身不随になったり、痴呆状態になる可能性もあることを、医師であるが故に彼女はよく心得ていて、何とか家族の、特に夫の負担にならぬようにしたいと考えた。私的な仕事をつづけてきた彼女にとって、痴呆状態になることもつらいことであった。

しかし、彼女は、すべてを人間を超えるものにゆだねることで、そうしたつらさを見事にのりこえている。もともと彼女は、いろいろなことに執着しない性格であった。五五歳になった時、親友の真左にあてて「会社員なら定年退職の年。あとは余生として、『おくりもの』として大切に生きることにしましょう」と書き送り、その前年には「私はあなたよりきっとずっと体力がないのだろう、と思います。多分母のように六十五歳位で死ぬのだろうと考えて万事そのつもりで予定をたてます」と記している。事実、彼女は予測通り六五歳で天に召されるが、すでにその四年位前から、自分の葬儀のことを家族と話したり、身辺整理を始めたりしている。自分の生命に対しても執着はしない、しかし、決して厭世的悲観的になることなく、一日一日を大切に充実して生きたのであった。

一九七九年一〇月、西丸四方宛に、おそらく死の何時間か前に記したと思われる最後の手紙を認めている。「私はこの外泊がぶじに終れば、二十三日に退院ということになります」という手紙は、彼女の死後西丸に届いた。外泊は無事に終らず、二二日の朝、自宅で発作を起こし、午前九時に急性心不全のため岡崎市立病院で六五年にわたる真摯で求道的な、かつ愛に満ちた人生の幕を閉じたのである。

自ら病むことにより病者と共に生きる

彼女が、かくも多くの人から愛され、慕われ、尊敬されたのは、彼女自身が、病いを知り、数々の苦難を経験した人だったからではなかろうか。先に引用したイザヤ書で予言されるイエスの姿は、まことに、人間として極限の苦しみを味わう姿である。イエス＝キリストが、このようにあらゆる苦難を経験していると知った時、人間は自分の苦しみがそれに比べて小さく、また自分の苦しみをすべて知り、かつ理解する存在があることで、どんなに大きな慰めを与えられることであろうか。らいを病む人々が、自分たちの苦しみは、同じ病いを持つ人にしかわからないというのは、当然のことであって、心を病んだ人たちは「精神病のレッテルを貼られ、精神病院に強制的に入院させられ鍵をかけられた経験のない人には、私たちの苦しさはわからない」と主張し、視力を失った人は、光のない世界に生きることがどんなものかを晴眼者に理解させることはむつかしいという。モロカイの孤島に隔離収容されたらい者の友となり、一生を患者の看護と患者の生活水準の向上のために捧げたベルギー人ダミアン神父の話は、多くの人の知るところだが、彼が晩年にらいを発病した時、「これで本当に私たちと同じになって下さった」と患者たちは、それ以前よりも一層彼に対する敬愛の心を強めたというし、神父自身も、患者と一体になったことを喜んだと伝えられている。

美恵子が、らい者と共に生きることができたのも、彼女自身が病いを知っていたからであろう。病む人たちは、本能的に医者をはじめ、自分たちを看取る人たちの気持ちを見ぬくのではないだろうか。「どうぞ心明るくおくらし下さいませね。私たちは病気になっても皆、神様のみ手の中にあるのですから」と死の二日前に、美恵子は愛生園の野口富栄に書き送っている。ダミアン神父が発病して患者の仲間入りを喜んだように、美恵子もまた、自分も病める者の一人として、地上の生を忍耐しながら生きていることにある種の連帯感を持ったのであろう。長く持ちつづけた負い目が少し軽くなったように思ったのではないだろうか。

シュヴァイツァーは、自己の幸福を当然のこととして受けとることに疑問を感じ、不幸な人々の苦痛を共に負わなければならないと考えて、直接人に奉仕できる道として、未開の地で医師になることを決心し、実践した。美恵子も、同じように、自分に与えられた多くの才能を、自分のためにだけ使うことはできない人であった。彼女の愛した聖句、友のために自分の命を捨てる、という至高の愛に生きようという若い日の決意が、彼女の生活の中にそれと気づかぬような形でしっかりと根をおろしていたのである。

終章

美恵子の墓は、彼女が晩年を過ごした宝塚から車で約二〇分位の白水峡墓地に建てられている。広々とした台地に造成された公園墓地は、眺望に富み、都会の喧躁からすっかり隔離された静かで空気のきれいなところにある。木々や適当に植えられた灌木が訪れる人の眼をなごませ、美恵子が眠るのにふさわしい墓所であることを感じさせられる。「神谷家之墓」と記された墓石の側面には、美恵子の名前のみが記され、背面には墓の建立者として、美恵子が愛してやまなかった夫宣郎と二人の息子、律と徹の名が朱を入れて刻まれている。

墓前で目を閉じると、葬儀の時に流れたバッハの「主よ人の望みの喜びよ」の曲が心の耳に静かにひびき、忘れ得ぬ美恵子のやさしい笑顔がはっきりと見え、かつて美恵子から語りかけられた言葉を再び聴くのである。日常のあわただしさの中、人間関係もぎくしゃくし、愛に生きることを忘れていた自分から、美恵子と接する度に「自分もまた、先生のように愛の人として生きたい」と考えた謙虚な自分に立ち戻らされる。生前の美恵子を知らなくても書物を通して、あたかも美恵子の生の声を聞いたように感じる多くの人たちも、同じ追憶にふけり、同じような感想を抱くであろう。

神谷家の墓

地球の未来に明るさを感じることの少ない現在、美恵子の語る言葉は人々に生きる勇気と責任を与えるのではないだろうか。美恵子は自分の言葉が、神の言葉のように聞かれることを最も嫌った。美恵子の言葉を絶対視するのではなく、永遠に存在する人間を超えたものに各人が深い信頼を寄せながら、一所懸命に、誠実に、愛を実践して生きた人生の大先輩として、美恵子が語ることを自分の魂で受けとめることが重要であろう。どのような時代が来ても流行とは無関係に決してすたれることのない事柄を美恵子は語っているのである。

あとがき

神谷美恵子先生がこの世を去られてから、早くも一五年余の年月が流れた。先生の温顔に接した者たちにとっては、この一五年余は「今、先生がいらっしゃったならば……」と、ことあるごとに思い出さずにはいられない年月であったのではなかろうか。先生の著書を読み返す度に、あの独特のやさしい声を耳にする思いがした人たちも多いことであろう。筆者もその一人である。

「神谷美恵子」という名前が、筆者の頭にいつ刻み込まれたかは、さやかではない。一九五一年、先生の令兄前田陽一先生が津田塾大学の一般教育科目、フランス文学の非常勤講師として赴任された。その折、一年生であった筆者は、先生の、デカルト・モンテーニュ・パスカルについての名講義に啓発されると同時に、「僕よりも語学ができたんですよ」といいつつ、津田塾で学び、卒業後、母校でしばらく教鞭をとられたことのある妹の美恵子先生について語られた先生の言葉をはっきり記憶している。

その後、一九六三年に、先生は津田塾大学の専任教授となられたのだが、入れちがいに筆者は同年秋、津田塾を退職して関西に移った。その折、日本キリスト教女子青年会（YWCA）学生部関西駐在幹事としてパートタイムで働くことをすすめられ、翌年四月からその仕事を始めることとなった。筆者のアドバイザー・グループとして関西地区ＹＷＣＡ学生部委員会を作る必要があり、その委員候補の一人として、神谷美恵子先生の名があげられた。関西在住であったが、津田塾の専任教授として定期的に上京されていた先生が、こうした委員をお引き受けになることは多分無理だろうと思っていたが、予想どおり、先生からはお断りのお返事があった。

筆者の学生部幹事としての主な仕事は、関西地区の学生キリスト教運動を支援し、各大学ＹＷＣＡの活動に必要な助言を与え、共に学び、話しあうことであった。一九六五年、神戸女子薬科大学の学園祭に際して、同大学ＹＷＣＡグループは講演会を企画し、講師について筆者の助言を求めた。筆者は、迷うことなく神谷美恵子先生の名をあげたのである。

先生は講演を引き受けて下さり、当日は阪急岡本駅で筆者と待ちあわせて講演会場にむかうことになった。駅には、先生の方が先に着いておられた。小さな帽子をかぶり、紺色の洋服の清楚な先生の姿は、くっきりと筆者の瞼にやきついている。大きな階段教室で、先生の代表的な著作『生きがいについて』でふれられたらいを病みつつも生きがいを感じ、立派に一生を終えた人々の事例を通して、「生きる」ということについて静かな口調で話された。聴衆はそれほど多くはなかったが、真剣に聴きいっていた若い人々の姿が記憶に残っている。

講演後、「一寸、家に寄って行かない？」と誘って下さり、芦屋のお宅におじゃましたのが、先生と個人的にゆっくりお話をした最初である。津田塾のことが中心的な話題であったと思うが、先生の人柄にますます惹かれ、先生とお話しできたことで喜びに満たされて帰途についたことを、その時いただいたミルクーティの味とともに忘れられない。

その後、一九六六年に筆者は東京に戻り、「学生の世話をするように」という当時の津田塾大学長藤田たき先生の招きに応えて、再度津田塾で働くこととなった。現在より数は少なかったが、心の健康を損う学生たちも何人かいて、精神科の嘱託医のいなかった当時の津田塾では、そうした人々について神谷先生に相談するのが常であった。筆者は、仕事を通じて、先生と親しくさせていただく機会を数多く与えられたのである。

自分の仕事について思い悩んでいた筆者は、次第に自分の問題についても相談にのっていただくようになった。学生のことだけでも、先生にオーバーワークを強いることになるのに、先生が健康を害されて、大学に来られなくなってからは、ご自宅にうかがって、長時間ともに過ごさせていただいたり、長い手紙を書いたりしたのである。今も、先生の貴重な時間をうばい、疲労の原因を作ったことを心から申しわけなく思っている。しかし、先生のおかげで、何とか自分の進むべき道についてもまとまりをつけることができた。いくら感謝してもしきれない。

最後に、この小著を出版する機会を与えて下さったばかりか、筆のおそい筆者をしばしば電話をかけて励ましつづけた上、出版予定を大幅におくらせることを許して下さった清水書院の清水幸雄氏と、編集の労をとって下さった徳永隆氏に厚くお礼を申し上げたい。また、種々の資料をお貸し下さったばかりか、面倒な質問におこたえ下さった夫君、神谷宣郎先生をはじめ、多くの方々のご親切な援助に深い感謝を捧げる。お名前を一々、あげることはしないが、そうした方々のご厚意がなければ、この小著は決して完成しなかったであろう。

一九九五年五月

神谷美恵子年譜

西暦	年齢	年譜	参考事項
一九一四		1・12、前田多門・房子の第二子（長女）として、岡山市で誕生。4月、父が岡山県視学官から長崎県理事官となったことにより、長崎に転居。	第一次世界大戦おこる。日本も参戦。
一五	1	父、内務省本省勤務となり、東京に転居。	
一八	4	父、欧米各国における戦時地方状況調査のため欧米各国に出発。	第一次世界大戦終結。
一九	5	4月、母も渡米。10月まで半年間、兄陽一は父方の祖母の家に、美恵子は妹勢喜子と共に、横浜の母方の祖母、叔父の家に預けられる。	ヴェルサイユ講和条約調印。
二〇	6	居住地近くの下落合小学校に入学。父、内務省を退職し、東京市助役となる。	国際連盟発足。
二一	7	聖心女子学院小学部二年に編入。	ワシントン軍縮会議。
二三	9	父、国際労働機関（ＩＬＯ）の日本政府代表として、ジュネーヴに赴任。家族も同行。美恵子はジャン゠ジャック゠ルソー教育研究所付属小学校に編入。フランス語にも馴れ、スイスでの生活の楽しさを満喫する。両親の恩師で、当時国際連盟事務次長であった新渡戸稲造との接触の機会がふえる。	関東大震災おこる。

一九二五	11	ジュネーヴ国際学校中学部に進学。	ドイツ、国際連盟加盟。
二六	12	11月、帰国の途につき、12月末、日本に帰着。東中野に住む。	リンドバーグ、太平洋無着陸横断飛行に成功。
二七	13	自由学園に編入。9月に成城高等女学校一年に編入。キリスト教伝道者である叔父金沢常雄の集会で聖書を学び始める。父は東京市政調査会専務理事となる。	日本、第一次山東出兵。中国で排日運動激化。
二八	14	父、朝日新聞論説委員となる。	ペニシリン発見。
二九	15		世界恐慌おこる。
三一	17		満州事変おこる。
三二	18	成城高等女学校卒業。津田英学塾本科入学。アテネーフランセに夜通う。	五・一五事件おこる。
三三	19	叔父金沢常雄が多磨全生園でキリスト教の話をする際、オルガン奏者として同行、初めてらい患者に接して大きな衝撃を受ける。医師となることを考えて、東京女子医専の規則書を取りよせ、ひそかに受験勉強をする。父の反対にあう。	ヒトラー、ナチス政権確立。アメリカ、ニューディール政策。日本、国際連盟脱退。
三四	20		放射能の発見
三五	21	津田英学塾本科卒業。同大学部に進学、予科生を教えることで授業料を免除してもらう。肺結核発病し、軽井沢の山荘で一人で療養。療養中に英語科高等教員検定試験の勉強をして受験し、合格する。	美濃部達吉の天皇機関説事件おこる。ズルファ剤創製。

		この頃、三谷隆正に文通にて師事する。後に直接会って教えを受ける。	
一九三六	22	結核再発。再度療養生活に入るが、独学でギリシア語を学び、新約聖書、マルクス＝アウレリウスの『自省録』を読む。	二・二六事件おこる。日独防共協定締結。
三七	23	人工気胸術を受け、結核治癒。津田梅子奨学金を与えられ、アメリカ留学の機会を得る。	日中戦争始まる。
三八	24	父、ニューヨーク日本文化会館館長に就任。両親・弟妹と共に渡米し、コロンビア大学大学院ギリシア文学科で学ぶ。	日本、国家総動員法施行。
三九	25	フィラデルフィア郊外のクェーカーの学寮ペンドル＝ヒルで2月から6月まで生活する。生涯の親友、浦口真左に出会う。父との話し会いでらい医療に進まないという条件で、医学の道に進むことを許され、9月よりコロンビア大学理学部・医学進学コースに入学。	9月、第二次世界大戦勃発。ノモンハン事件。
四〇	26	日米関係の悪化と、日本で医学を学び、医師免許を取得する必要を説く人もあり、7月に帰国。東京女子医学専門学校本科への編入を吉岡学長より許可される。	日独伊三国軍事同盟結成。DDTの発明。
四一	27	太平洋戦争勃発により、父はニューヨークのエリス島に抑留される。美恵子は女子医専で学ぶかたわら、医局員にフランス語を教える。	太平洋戦争勃発。
四二	28	父、交換船で帰国。美恵子、東大精神科医長の島崎敏樹によって精神医学への興味を触発される。	

一九四三	29	父、新潟県知事となり、両親は新潟に転居。美恵子、夏季休暇中に長島愛生園で12日間実習をさせてもらう。光田園長から大きな影響を受ける。	学徒出陣。
四四	30	秋、東京女子医専卒業。東大病院精神科医局に入局。	ストレプトマイシンの発見。
四五	31	5月、空襲で家屋全焼。東大病院精神科病棟に住み込む。8・18、父、文部大臣に就任。文部省で父の関連書類を翻訳。	日本、無条件降伏。国際連合成立。
四六	32	7月、神谷宣郎と結婚。世田谷に住む。内村祐之の「大川周明精神鑑定書」を手伝う。父に続き安倍能成文相の通訳兼翻訳者として活躍。東大精神科医局員の仕事も続ける。	財閥解体。
四七	33	上北沢に転居。長男律、誕生。英独仏語の家庭教師をする。	新憲法施行。
四九	35	目白に自宅を建て転居。宣郎、大阪大学理学部教授として赴任。津田塾大学で語学を教える。マルクス＝アウレリウスの『自省録』翻訳、創元社より出版。次男徹、誕生。	東西ドイツの成立。
五〇	36	宣郎、ペンシルヴェニア大学で研究するため渡米。父、日本育英会会長、日本ＩＬＯ協会会長に就任。美恵子はアテネ‐フランセで仏語を教え始める。	朝鮮戦争勃発。
五一	37	宣郎、帰国。東大医局員を辞し、芦屋に移る。神戸女学院大学英語非常勤講師。愛真聖書学園の分校として自宅で仏語を教える。	サンフランシスコ講和条約調印。
五二	38	父、日本ユネスコ国内委員会会長に就任。律、幼稚園に。阪	血のメーデー事件。

		大神経科に研究生として入局。カナディアン－アカデミーで仏語を教える。愛真学園は解散したが、受講生の要望で自宅で仏語のクラスを続ける。	
一九五三	39	徹、幼稚園に入るが、粟粒結核発病。仏語の私塾を自宅で始める。	テレビ放送の開始。
五四	40	神戸女学院大学助教授に就任。英語・英文学担当。仏語の私塾は続ける。律、小学校に入学。	
五五	41	母、房子死去。父は名誉都民となる。『原典アメリカ史』（第四巻）分担執筆。初期の子宮癌が発見されたが、ラジウム照射で進行を食いとめる。	高度経済成長始まる。
五六	42	徹、小学校に入学。マルクス＝アウレリウス『自省録』、岩波文庫として再刊。再度、神戸女学院大学の非常勤講師となり、仏語・精神衛生を教える。夫宣郎の助言もあって、らいの精神医学的研究の計画をたて、金子阪大教授の許可を得、愛生園の光田園長の了承も得る。	日本、国連加盟。
五七	43	長島愛生園非常勤職員として、らいの精神医学的調査を行いつつ、定期診療に従事。愛生園準看護学校でも講義を行う。住み込みのお手伝いさんを頼む。	ソ連、人工衛星打ち上げに成功。
五八	44	愛生園で定期診療を続けながら、学位論文「癩に関する精神医学的研究」を執筆。ジルボーグ『医学的心理学史』を翻訳、みすず書房より出版。仏語の私塾は、上級クラスのみを残	

		してやめる。	
一九五九	45	“Psychiatric Studies on Leprosy” 執筆。Folia Psychiatrica et Neurologia Japanica, vol.13, No.2 に掲載。	キューバ革命。
六〇	46	阪大より医学博士の学位授与。神戸女学院大学社会学部教授に就任。精神医学、仏語担当。律、中学校に入学。『生きがいについて』を構想、執筆始める。	安保闘争。
六二	48	徹、中学校に入学。父、6月死去。阪大助産婦学校で精神医学を教える。“The Existence of Man Placed in a Limit Situation” を執筆（翌六三年にスイスの Confinia Psychiatrica 誌に掲載）。	キューバ危機。
六三	49	神戸女学院大学は非常勤となり、津田塾大学教授に就任。精神医学と上級仏語担当。四国学院大学非常勤講師（精神衛生）。宣郎、プリンストン大学で研究。美恵子も8～9月に渡米し、施設見学。帰途、英・仏に立ち寄り、ミシェル＝フーコに会う。	
六四	50	神戸女学院大学辞職。	東京オリンピック。
六五	51	定期診療を続けていた愛生園の精神科医長となる。津田塾大学は非常勤となる。『異常心理学講座』第七巻（みすず書房）に「精神医学の歴史」執筆。Confinia Psychiatria 誌に “Virginia Woolf — An Outline of a Study on her	アメリカ、北ヴェトナム爆撃開始。

一九六六	52	Personality, Illness and Work” 掲載。愛生園のほかに光明園でも診療。『生きがいについて』をみすず書房より出版。ウルフの病跡調査のため、イギリスに行く。	
六七	53	愛生園精神科医長を辞し、非常勤となる。律、東大理科二類に入学。「文部省日記」を「みすず」103号に掲載。	バーナード、心臓移植手術行う。
六八	54	愛生園、光明園のほかに青松園でも診療。徹、京大理学部入学。「文部省日記」を「みすず」104号に掲載。津田塾大学教授に再度就任。	大学紛争激化。
六九	55	フーコーの『臨床医学の誕生』の翻訳、みすず書房より出版。穂高に山荘を建てる。宣郎、渡米。	アポロ11号、月に到着。東大、機動隊導入。
七〇	56	フーコーの『精神疾患と心理学』の翻訳、みすず書房より出版。	
七一	57	4~5月、ニューヨーク州オルバニーの宣郎のもとへ。『人間をみつめて』を朝日新聞社より出版。宣郎、学士院賞受賞。姑死去。律、名大大学院にて分子生物学の研究。	
七二	58	12月、最初の狭心症発作おこす。愛生園辞任。徹、京大卒業と同時に結婚し、音楽の道へ進む。内村祐之との共著で『大川周明の鑑定』をみすず書房より出版。	ローマクラブ、「成長の限界」発行。
七三	59	狭心症で入院。『極限の人』をルガール社より出版。	CTスキャナー開発。
七四	60	一過性脳虚血性発作（TIA）により入院。宝塚のマンショ	

一九七五	61	ンに転居。『こころの旅』を日本評論社より出版。装いも新たに『新版人間をみつめて』を朝日新聞社より出版。津田塾大学の講義は代講を依頼。TIAで年間、3回入退院をくり返す。津田塾大学には引き続き代講者をたてる。ハリール＝ジブラーンの詩の翻訳を「婦人之友」誌に連載。	ヴェトナム戦争終結。
七六	62	津田塾大学教授辞任。膀胱ポリープ、TIA、狭心症で入院。ヴァジニア＝ウルフ『ある作家の日記』の翻訳をみすず書房より出版。	ロッキード事件。
七七	63	宣郎、大阪大学を退官し、岡崎の基礎生物学研究所教授に就任。美恵子、岡崎の官舎と宝塚の間を必要に応じて往復。その間、TIAで三回入院。ルガール社より『神谷美恵子エッセー集』I、IIを刊行。	
七八	64	律、結婚。12月、TIAで入院。『精神医学と人間』をルガール社より刊行。	日中平和友好条約締結。
七九	65	「遍歴」を執筆。『生きがいについて』の改訂を終える。TIAで三回入院。10・22、TIAで三度目の入院時、一時帰宅中に心不全発作をおこし、急逝。	WHO、天然痘根絶宣言。イギリス、サッチャー首相就任。

参考文献

●自身の著作

神谷美恵子著作集 ―――― みすず書房 一九八〇～八五
第一巻「生きがいについて」、第二巻「人間をみつめて――付ケベースの絵馬」、
第三巻「こころの旅――付本との出会い」、第四巻「ヴァジニア・ウルフの研究」、
第五巻「旅の手帖より――エッセイ集1 一九四五―一九七〇」、
第六巻「存在の重み――エッセイ集2 一九七一―一九七九」、
第七巻「精神医学研究1」、第八巻「精神医学研究2」、第九巻「遍歴」、第一〇巻「日記・書簡集」、
別巻「人と仕事」、補巻1「若き日の日記」、補巻2「神谷美恵子・浦口真左往復書簡集」

著作集は、美恵子の没後に発行されているが、それ以前に単行本として出されているものを次に列挙する。ほとんど著作集と重複している。

「生きがいについて」 ―――― みすず書房 一九六六
「人間をみつめて」 ―――― 朝日新聞社 一九七一
「極限のひと」 ―――― ルガール社 一九七三
「こころの旅」 ―――― 日本評論社 一九七四
「新版 人間をみつめて」 ―――― 朝日新聞社 一九七四
「神谷美恵子エッセイ集Ⅰ――教育・人物篇」 ―――― ルガール社 一九七七
「神谷美恵子エッセイ集Ⅱ――いのち・らい・精神医療」 ―――― ルガール社 一九七七

「精神医学と人間」――ルガール社 一九七八
「うつわの歌」――みすず書房 一九八九

●翻訳書

マルクス・アウレーリウス「自省録」(付 ケベースの絵馬)――創元社 一九四九
一九五六年に岩波文庫版刊行。
ジルボーグ 「医学的心理学史」――みすず書房 一九五八
ミシェル・フーコー 「臨床医学の誕生」――みすず書房 一九六九
ミシェル・フーコー 「精神疾患と心理学」――みすず書房 一九七〇
ヴァージニア・ウルフ 「ある作家の日記」――みすず書房 一九七六

●美恵子について書かれたもの

「一つの完全」(朝日ジャーナル、八巻四一号 一九六六年一〇月二日号)
柿木ヒデ 「評伝 神谷美恵子」「ヴァジニア・ウルフと神谷美恵子」「ミシェル・フーコーと神谷美恵子の接点」(同人誌「璉」掲載)
「母と子の記録――神谷美恵子/神谷徹」(甲陽学院同窓会誌「ル・クール」二号 一九九一)
高橋幸彦 「神谷美恵子・その生涯と業績」(「精神医学を築いた人びと」下巻、ワールドプランニング 一九九一)

●本書執筆で、直接、引用・参照したもの

神谷美恵子著作集 月報(1)~(13)(みすず書房 一九八〇~八五)
神谷美恵子著作集配本案内(みすず書房 一九八〇)
前田多門 「その文・その人」――東京市政調査会 一九六三
神谷宣郎 「細胞の不思議」――プレーンセンター 一九八九
「聖書」(文語訳および新共同訳)――聖書協会

プラトン　「国家」（岩波文庫）　藤沢令夫訳　――　岩波書店　一九七九
パスカル　「パンセ」　津田穣訳　――　新潮社　一九五〇
桜井方策編　「光田健輔の思い出」　――　ルガール社　一九七四
千葉敦子　「千葉敦子のななめ読み日記」　――　同時代社　一九八七
中平邦彦　「パルモア病院日記」（新潮文庫）　――　新潮社　一九八六
小牧治・泉谷周三郎　「シュバイツァー」　――　清水書院　一九六七
笠原嘉　「青年期」（中公新書）　――　中央公論社　一九七七
書評（朝日新聞、一九六六年六月七日付）
海老沢有道編　「日本キリスト教歴史大事典」　――　教文館　一九八八

その他、美恵子の著書に引用されている書物は非常に多い。それぞれの著書の参考文献表や、脚注を参考にしてほしい。また、長島愛生園慰安会発行の「愛生」誌をはじめ、多くの雑誌・書物の紹介パンフレットなどにも、美恵子は寄稿している。代表的なものは、著作集第五巻、第六巻に収録されている。なお、美恵子の保存していた三谷隆正氏と父前田多門氏および母房子氏からの手紙の一部も見せていただいた。

さくいん

【人　名】

【事　項】

神谷美恵子■人と思想136　定価はカバーに表示

1995年 8 月25日　第 1 刷発行©
2009年 1 月20日　第10刷発行©
2015年 9 月10日　新装版第 1 刷発行©
2023年 2 月25日　新装版第 2 刷発行

・著　者　……………………………江尻《えじり》美《み》穂《ほ》子《こ》
・発行者　……………………………野村　久一郎
・印刷所　…………………………大日本印刷株式会社
・発行所　…………………………株式会社　清水書院

〒102-0072　東京都千代田区飯田橋3-11-6
Tel・03(5213)7151～7
振替口座・00130-3-5283
http://www.shimizushoin.co.jp

検印省略
落丁本・乱丁本は
おとりかえします。

CenturyBooks

Printed in Japan
ISBN978-4-389-42136-6

CenturyBooks

清水書院の〝センチュリーブックス〟発刊のことば

近年の科学技術の発達は、まことに目覚ましいものがあります。月世界への旅行も、近い将来のこととして、夢ではなくなりました。しかし、一方、人間性は疎外され、文化も、商品化されようとしていることも、否定できません。

いま、人間性の回復をはかり、先人の遺した偉大な文化を継承して、高貴な精神の城を守り、明日への創造に資することは、今世紀に生きる私たちの、重大な責務であると信じます。

私たちがここに、「センチュリーブックス」を刊行いたしますのは、人間形成期にある学生・生徒の諸君、職場にある若い世代に精神の糧を提供し、この責任の一端を果たしたいためであります。

ここに読者諸氏の豊かな人間性を讃えつつご愛読を願います。

一九六六年

清水雄治

SHIMIZU SHOIN